GOGI Por Vida:
La Guía Mas Completa Para Grupos

por la Entrenadora Mara L. Taylor

GOGI • P.O. Box 2274 • Mesquite, NV 89024 • www.gettingoutbygoingin.org

Rostros de GOGI

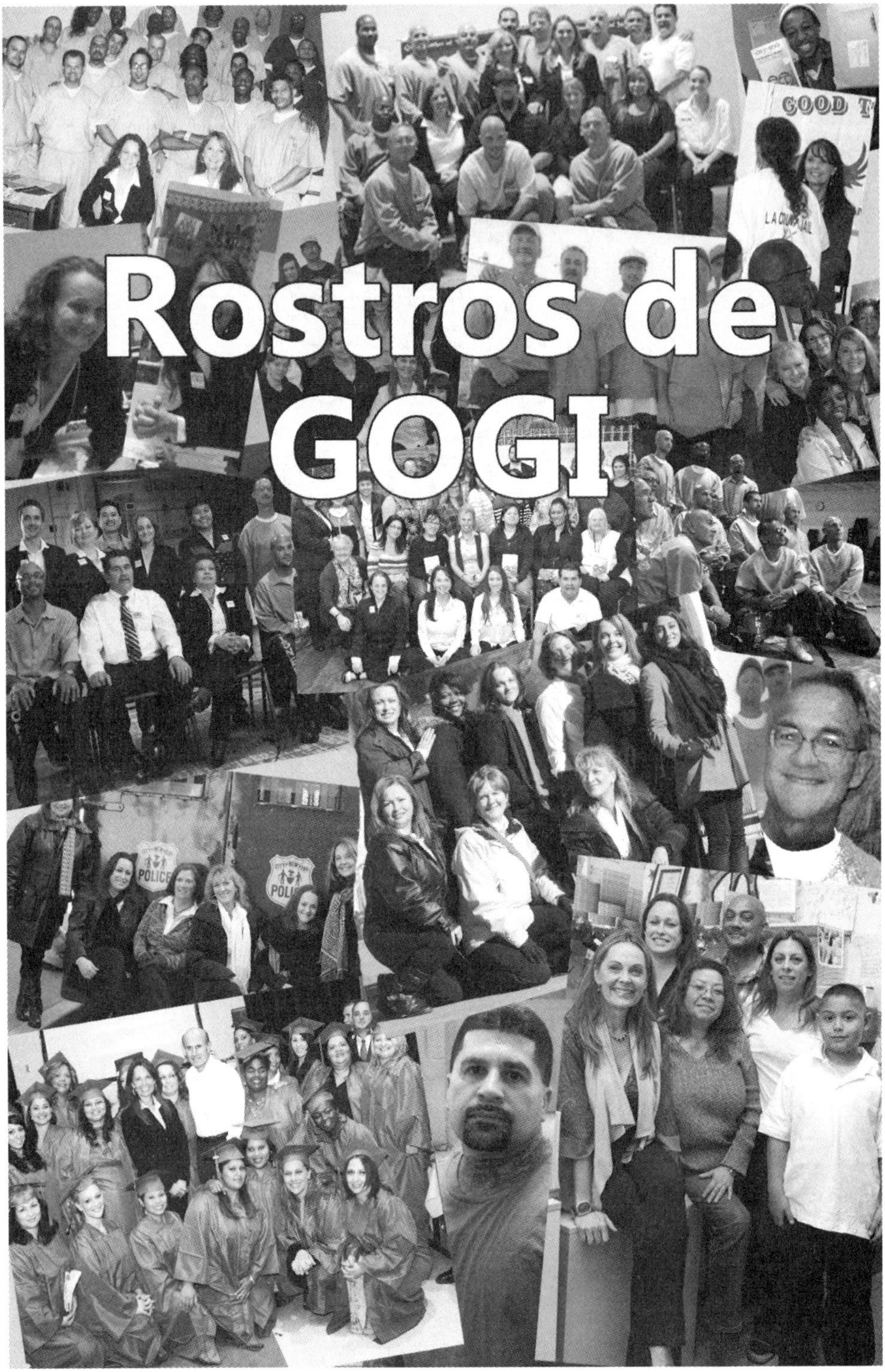

Comencemos su viaje GOGI...

DIVISIÓN de EDUCACIÓN GOGI

GOGI

Una División de Getting Out by Going In

GOGI POR VIDA
ESTE ES OTRO DE LOS LIBROS DE LA FAMILIA GOGI

Publicado por: GOGI Education
Una División de Getting Out By Going In (GOGI)

Division de Educacion GOGI, Una Division de Getting Out by Going In (GOGI)

ISBN: 978-0-9972875-5-4

Composición tipográfica y diseño por Candace Webster.
Editado por Joan Ashley.
Correcciones españolas por Rodolfo Gonzalez, Javier Fernández
Arte del ícono GOGI por Loren Barnhart.
Contribuciones de estudiantes, Entrenadores GOGI, y miembros de la comunidad.

Este libro es otro en la familia de materiales GOGI, tales como: talleres, currículos, medios educativos, y materiales de estudio personal, diseñados para enseñar las HERRAMIENTAS GOGI para TOMAR DECISIONES POSITIVAS.

BIENVENIDA

SU VIDA PUEDE SER MEJOR CON GOGI

Usted probablemente sabe que su vida puede ser mejor. Es posible que haya deseado mejorar su vida por algún tiempo, pero muchas de las cosas que ha probado no han durado mucho.

Si esa es su experiencia, la información en este libro puede ser lo que le está faltando a sus esfuerzos para hacer cambios duraderos. Aun si las cosas marchan bien en su vida, lo que aprenderá en este libro podrá ayudarle a que estén mejor aun.

¿QUÉ ES GOGI?

Entrar Para Salir (GOGI) le ayuda a "salir" de situaciones negativas "entrando" a su propia habilidad para encontrar las soluciones.

Al decir, "saliendo" queremos decir liberarlo de sus pensamientos negativos, acciones y reacciones. Al decir "entrando" queremos decir proveerle de herramientas simples para que cambie su vida comenzando con cambios en su interior. "GOGI" es el apodo. Suena como yogi.

GOGI-ismo

Un GOGI-ismo es una frase atractiva creada por un estudiante de GOGI para ayudarles a incorporar las Herramientas GOGI en sus elecciones cotidianas. Al final de este libro, ¡puede crear sus PROPIOS GOGI-ismos para ayudarle a utilizar sus herramientas GOGI !

El arte es un obsequio de Gordon K.

GOGI-ismo

Getting Out by Going In (GOGI)

En el año 2002, cuando no era mas que un grupo de prisioneros juntándose para una "clase de relajación" que se hacía en la capilla de una prisión cada semana, la entrenadora Taylor compartió con los hombres que la libertad estaba en realidad "dentro" de cada uno de ellos. Uno de los hombres preguntó, "¿Ir dentro de uno mismo para salir de la prisión?" Y así fue como Entrar Para Salir obtuvo su nombre

Contenidos

Introducción

Por Entrenadora Mara L. "Coach" Taylor
Fundadora/Voluntaria Principal de GOGI

Coach Mara L. Taylor

La primera vez que me ofrecí para trabajar como voluntaria con prisioneros, el pequeño grupo que se reunió en la capilla de la Prisión Federal de Terminal Island en San Pedro, California, era un pequeño grupo de hombres que hablaban inglés y español. Yo no hablaba español, así que dejé que uno de los hombres tradujera lo que estábamos conversando, para que los hombres que sólo hablaban español pudieran participar de las conversaciones del Grupo GOGI. Desde el principio GOGI buscó asistir a los prisioneros de habla hispana y a sus familias.

Desde ese día en el año 2002, me he mantenido muy consciente de que los prisioneros que sólo hablan español buscan material que les ayude a regresar a sus familias con las herramientas necesarias para tomar decisiones mas positivas. Desde ese día, también me di cuenta que no hay suficiente material para hispanohablantes para aprender y crecer de modo que los prepáre a ser mejores ciudadanos y mejores miembros de su familia. Y desde aquel día, GOGI ha dependido de prisioneros para traducir nuestros folletos para los hispanohablantes. GOGI ha dependido de prisioneros para traducir los libros y para enseñar en español, y GOGI ha dependido de prisioneros para guiar nuestros esfuerzos con las comunidades de habla hispana.

Ha pasado mucho tiempo hasta llegar a traducir, editar e imprimir el material GOGI para obtener el libro que usted está leyendo ahora. Pero me siento muy feliz, porque ahora que usted tiene esta información en español, no habrá límites a la cantidada de hombres y mujeres de habla hispana con los que puede compartir este material. Ahora que usted tiene este libro en español, no hay excusas para que no aprenda las herramientas GOGI y formar el hábito de tomar las decisiones mas positivas que pueda.

Este libro representa el trabajo de decenas de miles de prisioneros. Y GOGI representará con el tiempo, la ayuda para alcanzar la libertad interior que a muchos se les ha negado. GOGI le da poder a usted, el lector, de ser el creador de su propia libertad. Eso le dará la fortaleza para ser una contribución positiva a todas las personas a su alrededor, aun si piensa que nunca volverá a ver su hogar.

Sepa esto: GOGI comprende el profundo amor de familia. GOGI comprende su profunda conexión con su cultura. GOGI comprende su dolor, su pena, su desesperación y su sensación de desesperanza. Y aprendiendo y utilizando las HERRAMIENTAS GOGI PARA TOMAR DECISIONES POSITIVAS, GOGI también es consciente de que usted puede ser una contribución positiva para las personas que lo rodean. Usted PUEDE tomar mejores decisiones. Usted PUEDE crear una vida maravillosa para usted mismo. Usted PUEDE encontrar la libertad interior con sus herramientas GOGI.

Estoy muy orgullosa de los prisioneros de habla hispana que colaboraron con GOGI desde el año 2002, alentando e inspirando a otros prisioneros hispanohablantes a aprender GOGI, aun sin saber leer ni escribir inglés. También estoy tan orgullosa de ustedes por leer esto y estar dispuestos a aprender lo que es vivir su vida ¡DEL MODO GOGI!

¡GOGI POR VIDA!

Por Entrenadora Taylor
Fundadora de GOGI

¿POR QUÉ TENGO ESTE LIBRO?

GOGI tiene distintos tipos de libros para ayudar a distintos tipos de personas que desean tomar decisiones mas positivas en sus vidas. Este libro, ENSÉÑAME CÓMO HACER GOGI fue inspirado por estudiantes GOGI que regresaron a sus comunidades y deseaban continuar con sus estudios GOGI, compartir GOGI y hacer una diferencia positiva en su comunidad. Querían un libro que pudiera guiar a las personas en la comunidad, hayan tenido o no la experiencia de haber sido prisioneros, hacia una vida mejor a través de la utilizasion de las HERRAMIENTAS GOGI PARA TOMAR DECISIONES POSITIVAS.

Los primeros graduados GOGI se ofrecieron para enseñar a un Grupo GOGI de adultos en libertad condicional. Otro enseñó GOGI en una casa de reingreso y centro de recursos para personas sin hogar. También el material GOGI fue utilizado por padres regresando a sus hogares y enseñándoles a sus hijos las Herramientas GOGI. Este libro es una guía ideal para todos los grupos GOGI, y de gran apoyo para individuos que están llevando GOGI a las calles.

¿EN PRISIÓN? Si usted está preso, este libro está en sus manos para que pueda fortalecer el conocimiento de sus Herramientas GOGI, tener una excelente guía para grupos, y para comenzar a prepararse para regresar a su comunidad como un Voluntario GOGI. Son los individuos con la experiencia de haberse podido levantar de las cenizas de una vida quemada, los que pueden hacer que otros escuchen con un corazón abierto. Incluso individuos que no saben si volverán a sus casas pueden comenzar a pensar en sus situaciones de otra manera, una vez que comienzan a dominar el uso y la enseñanza de las Herramientas GOGI como un humilde voluntario dedicado a ayudar a otros.

¿TRABAJADOR EN PRISIÓN? Si su tarea es trabajar con los prisioneros, este libro es una herramienta ideal para ayudar a expandir el uso de las herramientas para tomar decisiones positivas entre la gente a su alrededor. Si usted permite que sus clientes/estudiantes/casos, obtengan, tengan, y se apropien de GOGI, lo sorprenderán con su determinación y compromiso de tomar decisiones positivas.

¿FAMILIAR O AMIGO? Si usted es un miembro de la familia o un amigo de un preso que estudia GOGI, encontrará que este libro hará que sea mas fácil que su relación se base en interacciones y actividades poderosas, productivas y positivas. Cuando dos o mas personas están unidas para un servicio, sus relaciones se fortalecen.

¿NINGUNA CONEXIÓN? Si usted no tiene ninguna conexión con prisioneros y simplemente este libro llegó a sus manos, sepa que este libro es bueno para todos los hombres y mujeres porque de una manera muy real, todos estamos en la prisión que hemos creado nosotros mismos, hasta que comenzamos a vivir nuestra vida al servicio de los que nos rodean. Quizás este és el momento para liberarse a través del servicio a los demás.

¿Por qué tengo este libro? Veremos que piensa después de aprender lo que este libro tiene para ofrecerle para su vida.

El arte es un obsequio de David O.

PRÓLOGO

Entrenador David Merrihue

Entrenador Merrihue

Si sucede que usted toma un libro GOGI y ve la tapa, no podrá saber automáticamente qué es lo que contiene que pueda ayudarle a cambiar su vida. Pero, usted ha abierto el libro. Eso significa que está mas cerca de alcanzar el éxito que si hubiera dejado pasar el libro sin prestarle atención.

Cuando recibí mi primer libro GOGI era el año 2008. Para ser honesto y auténtico con usted, dejé el libro a un lado y pensé que era una tontería antes siquiera de comenzar a leerlo. No pensaba que mi vida podía cambiar y verdaderamente no pensaba que la respuesta estaría en un libro que me enviaron mientras yo era un prisionero en la Prisión Estatal Pelican Bay de California. Pero, por alguna razón desconocida, tomé el libro después de haberlo dejado de lado. Lo tomé no solo una vez, ni dos veces, sino tres veces distintas y finalmente me senté y comencé a mirarlo página por página.

Lo primero que me sorprendió fue leer que los prisioneros desarrollaron las Herramientas GOGI para Tomar Decisiones Positivas. Eso me llamó la atención y continué leyendo.

Y aquí estoy en el año 2015. Increíble. Ahora estoy viviendo una vida que nunca pensé que fuera posible para un adicto y criminal como yo. Y lo peculiar es que ¡soy la persona perfecta para ayudar a adictos y a criminales! En mí pueden ver lo que es posible con GOGI.

¿Quién hubiera pensado que por tomar un libro GOGI, podía aprender las herramientas necesarias para crear la vida que vivo en la actualidad? ¿Quién hubiera pensado que porque tomé ese libro GOGI yo iba a estar limpio y sobrio por 7 años ya? ¿Quién hubiera pensado que por haber tomado un libro GOGI yo iba a volver a las cárceles y prisiones para ayudar a hombres y mujeres que nunca había conocido antes, mientras ellos comienzan su viaje GOGI?

¿Quién hubiera pensado que yo podría ser administrador de caso, un padre activo, un esposo firme, un buen amigo y un voluntario GOGI?

Hoy soy una ADICIÓN a la sociedad, no una resta. Gano mi salario. Pago impuestos. Pago mis cuentas y pongo un techo sobre mi familia. Yo acostumbraba a evitar y odiaba hablar con autoridades, oficiales de correccionales, oficiales y agentes de libertad condicional y por sobre todo, los alguaciles del condado de Los Ángeles, porque ellos podían ponerme las esposas por cualquier motivo.

Ahora, me codeo con todos, aún con la gente que usa insignias. Verdaderamente, todos necesitan GOGI y voy a compartir GOGI con cualquiera que desee crear una vida mejor.

Para aquellos de ustedes que tienen dudas acerca de este libro, todo lo que puedo decirles es que si me hubieran conocido en el año 2008, de ningún modo podrían decir que soy la misma persona. Desde los 13 años estuve en problemas, sirviendo 16.5 años dentro de prisiones y cárceles antes de comenzar GOGI. Estaba viviendo la vida en cuotas.

Yo sé, sin lugar a ninguna duda, que usted PUEDE cambiar. Yo soy la prueba. ¿Quién sabe? ¿Quizás sea su turno? Usted TOMÓ este libro. Quizás usted es como yo y todo lo que necesita son las HERRAMIENTAS GOGI PARA TOMAR DECISIONES POSITIVAS para ayudarle a unir su experiencia, su aprendizaje, sus éxitos y fracasos para crear una vida que nunca pensó que fuera posible.

(La motivación del Entrenador Merrihue)

GOGI por vida,

Coach Merrihue

Entrenador Merrihue

Entrenadora Fierro

Entrenadora María Fierro

Wow. No puedo creer que usted estará realmente leyendo las palabras de esta página que provienen directamente de mi corazón. Parecería que cada día hay otro milagro apareciendo en mi vida. Que usted esté leyendo esto es un milagro mas para mí.

Vea, hace apenas seis años fue la primera vez que me presentaron GOGI. Yo estaba viviendo lejos de mi marido y de mi hija, como prisionera en una cárcel del condado de Los Ángeles. Afortunadamente, hice le elección de ser alojada en una unidad habitacional llamada GOGI Campus, donde otras madres, hermanas e hijas estaban alojadas.

No fue hace tanto tiempo en realidad, pero parece muy lejano por lo mucho que ha cambiado mi vida desde el día que comencé a usar el uniforme azul del condado y era llamada por mi número de prisionera. He avanzado con mucha firmeza y constancia porque tomé el compromiso de aplicar las HERRAMIENTAS GOGI en todas las áreas de mi vida. Parece que cuanto mas pongo en práctica las herramientas, mas grandes cosas ocurren en mi vida y en las vidas de mi esposo y de mi hija.

Es verdad que uno sólo guarda las cosas que está dispuesto a dar. Ahora que doy mi tiempo libremente para cualquiera que desee aprender GOGI, parece que puedo mantener mi libertad interior. Y porque estoy dispuesta a ser de servicio, ahora comparto lo que he aprendido con un creciente número de personas que se están uniendo a la familia GOGI. Voy a las cárceles, prisiones, hogares transitorios, grupos comunitarios, incluso a las escuelas, para enseñarles a los niños las HERRAMIENTAS GOGI PARA TOMAR DECISIONES POSITIVAS.

A mi no me enseñaron estas simples herramientas cuando era niña. Mi madre estaba en prisión cuando yo nací. Yo nací en una prisión. Pero ahora tengo GOGI y estoy agradecida de que las herramientas son lo suficientemente simples que mi hija ahora vive su vida guiada por las HERRAMIENTAS GOGI. Las HERRAMIENTAS GOGI funcionan. Siempre digo que doy gracias a Dios por GOGI.

Usted puede estar leyendo y pensando, "Bueno, esa es su historia, ¿pero qué acerca de la mía?" Esto es lo que yo se. Usted está leyendo este libro. El simple hecho de que usted haya tomado este libro y esté leyendo estas palabras significa que hay algo dentro suyo que conoce la verdad de su propósito, la verdad de lo que usted es capaz de contribuir si dispone de las herramientas correctas. ¿Mi sugerencia? Aproveche la oportunidad de que tiene este libro en sus manos en este momento. Aunque usted no pueda creer que es posible, puede ser que esté mas listo de lo que piensa para hacer cambios permanentes en su vida. Mientras comienza a leer este libro y a hacer el trabajo solo o en un Grupo GOGI, puede cuestionarse JEFE DE MI CEREBRO, RESPIRACIÓN ABDOMINAL, o los otros nombres de las herramientas. Créame, las herramientas funcionan. Fueron diseñadas por prisioneros que las practicaron, las probaron y comenzaron a vivir del MODO GOGI. Ahora están compartiendo sus éxitos con usted.

Necesitamos de usted. Lo necesitamos como parte de la creciente familia GOGI. Lo necesitamos exactamente como es, donde ha estado, lo que ha hecho y todo lo que le han hecho. Necesitamos su experiencia. Y necesitamos que se plante firme por el cambio que GOGI sabe que es posible. Necesitamos su apoyo y su individualidad en talleres para enseñar a otros. Necesitamos el apoyo y la individualidad que sólo usted puede ofrecer a otros como prueba de que el cambio es posible. Lo necesitamos en las escuelas, en las cárceles, en las prisiones, en las comunidades, en los programas, en las salas de correo de GOGI. Y, básicamente, el mundo lo necesita para que le demuestre que también usted puede poner a trabajar las HERRAMIENTAS GOGI en su vida.

Hoy estoy en una posición en la que honesta, genuina y sinceramente puedo decirle que yo puedo hacerlo, que usted puede hacerlo y que juntos, nada puede detenernos. Con todos los progresos en la vida y la recuperación de mis adicciones, mi vida está plena. Algún día espero recibir el perdón de mis hijos mayores, a quienes siempre he amado. Una vez que decidí poner a trabajar las herramientas, creer en mí misma, en otros, y creer que yo era digna y merecía darme una oportunidad, fue allí cuando comenzó para mi vivir del MODO GOGI. Haré lo mismo por usted. Esa es mi promesa.

Con fe inamovible,

Coach Fierro
Entrenadora Fierro

Introduccion

Una carta de Aunt Molly

Tengo el placer de presentarles este libro que fue escrito por la Sra. Coach Mara L. Taylor. Mas bien conocida por, Coach Taylor, que ha puesto parte de su vida estudiando los problemas de miles de prisioneros y estudiando el porque es tan facil de estas personas meterse en problemas tan graves que pasan la vida en carseles por tanto tiempo. Hablando con

estos prisioneros ellos mismos le han ayudado a proporcionar soluciones que sirven como les puede ayudar. Estas soluciones fueron empaquetadas para uso de aquellos que desean cambiar sus vidas. Los prisioneros y yo llamamos a este paquete, herramientas GOGI, que sirve de pensar positivamente y hacer buenas decisiones. Todo lo negative que pensamos es lo que conduce el mal en nuestras vidas. Hay que usar nuestro cerebro en cosas positivas, y con las reglas de este libro vamos a mejorar nuestras vidas. Toma las clases de GOGI, educate para que pronto salgas de este sitio. Ayudate a ti mismo y tambien a tu familia. Todo mal comiensa en pensar negativamente, y tiene consecuencias. Pidanle a Dios que los acompane todos los dias y pronto saldran de ese lugar. La vida es corta, no se la pasen encerrados. Dios nos tiene aqui para que sirvamos para ayudar a nuestras familias y todos los que necesitan ayuda. Las clases de GOGI estan escritas para que les ayude a pensar antes de que tengan un mal entendimiento con alguna persona. No pierdan el tiempo, aprovechen las reglas de GOGI y pronto saldran de ese lugar. Que Dios les ayude y luego GOGI.

Aunt Molly

La tía Molly es la voluntaria GOGI más anciana, y tiene más energía que la mayoría de los entrenadores GOGI combinados. Está dedicada a hacer SU parte para traer GOGI a tu mundo, con la esperanza de que le enseñarás a otros y seguirás su ejemplo de vivir una vida de servicio. Si quieres ser feliz a los 96 años de edad, simplemente dedica tu vida hoy a algo más importante que tus preocupaciones por ti mismo. Dedica tu vida a vivir en servio y tu, también, estarás sonriendo a los 96.

Con afecto,
Entrenadora Taylor

Después de completar el curso yo mismo, descubrí el impacto maravilloso y positivo que este curso ha tenido en mi vida como también en la vida de otros que han participado. El mayor impacto que este programa ha causado en mi ha sido el cambio de mi percepción de la vida, y a abordar las cosas que la acompañan de un modo mas positivo. Verdaderamente creo que estas herramientas son instrumentos para reformar la vida de los individuos, dándoles una segunda oportunidad con un impulso de motivación positiva. Personalmente quiero agradecerles a ustedes y al programa por permitirme la oportunidad de progresar mas aún como coordinador. Mi único deseo es poder impactar las vidas de mi estudiantes con su programa, tanto como su programa ha impactado mi vida.

Roberto H.

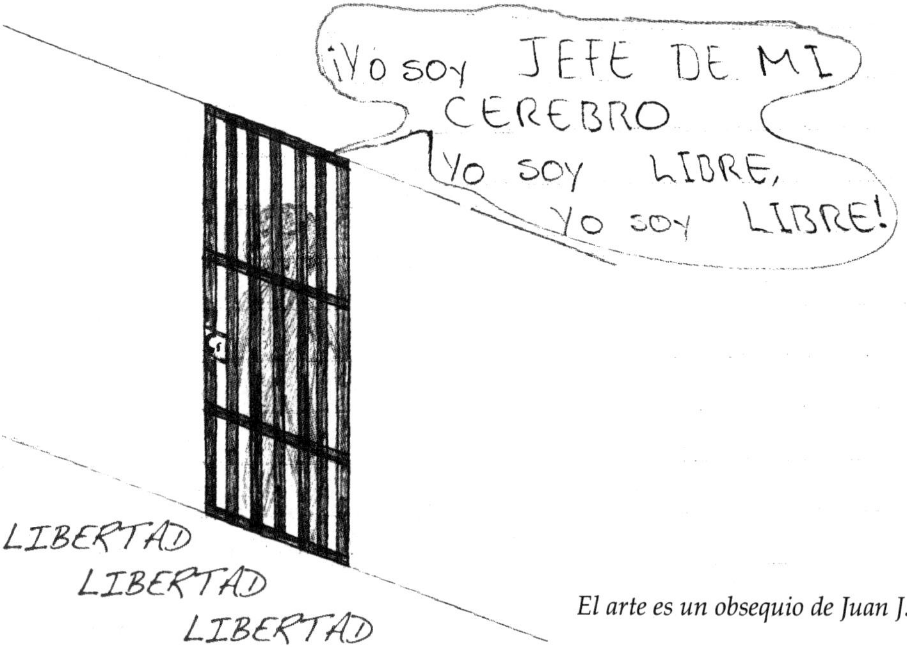

El arte es un obsequio de Juan J.

El arte es un obsequio James Soliz

AGRADECIMIENTOS

La cantidad de instituciones y organizaciones que compran material de aprendizaje GOGI está aumentando. Están descubriendo que la gente tiene mas probabilidades de cambiar de manera positiva cuando se les proveé las simples herramientas que GOGI ofrece. Agradecemos a estas instituciones y su sincero apoyo para hacer que nuestras comunidades sean mas seguras al apoyar los estudios GOGI.

También agradecemos a nuestros voluntarios y a nuestros contribuyentes que nos ayudan a hacer que Entrar para Salir (GOGI) esté disponible para hombres, mujeres, y niños que están listos para un cambio duradero. Apreciamos especialmente a nuestro creciente número de estudiantes, colegas coordinadores, y entrenadores que son una prueba viviente de que el cambio es posible y que vivir la vida del MODO GOGI es una manera sencilla de crear una vida mejor.

INTRODUCCIÓN

Este libro es un compañero poderoso para cualquier Grupo de estudio GOGI o para estudio GOGI individual. La forma para un grupo o clase puede ser tan pequeño como dos personas manteniendo una reunión o puede ser un Grupo GOGI mas formal o también parte de un programa. Para estudio individual, este libro proveé toda la información necesaria para aprender las HERRAMIENTAS GOGI y aplicarlas en su vida cotidiana. Para estudios en grupo, cada herramienta está presentada de una manera que de inelvir y hace participar a los miembros del grupo y a los coordinadores.

¿POR QUÉ USTED DEBERÍA USAR ESTE LIBRO?

¿Se Siente Atrapado o Atascado?

Si alguna vez ha sentido que la vida le pasa en lugar de ser usted quien está a cargo de su vida, entonces realmente disfrutará lo que aprenderá y practicará con este libro. Eso es porque con las herramientas en este libro, aprenderá cómo hacerse cargo de su vida.

Usted Está a Cargo

Este libro le ayudará a aprender a tomar decisiones mas positivas. Esto es muy importante porque:

- Cuando tome decisiones mas positivas, encontrará que está a cargo
- Cuando esté a cargo, se dará cuenta que puede manejar hasta las situaciones mas difíciles.
- Cuando puede manejar mejor las situaciones difíciles, hay menos estrés y ansiedades, y las tareas cotidianas parecen mas fáciles.
- Cuando usted comprende que está a cargo de su futuro, que su futuro está bajo su control y que puede utilizar estas herramientas para hacer que su vida sea mejor desde este día en adelante, usted tiene una poderosa, productiva y positiva sensación de control propio.

Todo esto es posible cuando usted utilice las herramientas que aprenderá en este libro.

El arte es un obsequio de Rey Esquerra

El arte es un obsequio de Benny Gutierrez

Usted Puede Crear una Mejor Vida

Utilizar las HERRAMIENTAS GOGI puede ayudarle a experimentar muchas cosas nuevas. A continuación encontrará una breve lista de lo que los estudiantes GOGI dicen que experimentan cuando se convierten en los jefes de sus vidas y comienzan a utilizar las herramientas cada día:

- Con GOGI puede llegar a descubrir que cada día usted está mas tranquilo.
- Con GOGI puede llegar a descubrir que usted está mas relajado y enfocado.
- Con GOGI puede llegar a descubrir que sus relaciones con los demás son mas fáciles.
- Con GOGI puede llegar a descubrir que no se molesta ni disgusta tan fácil.
- Con GOGI puede llegar a descubrir que está mas sano y mas feliz.
- Con GOGI puede llegar a descubrir que vencer adicciones es mas fácil.
- Con GOGI puede llegar a descubrir que le va mejor en su programa o estudios.
- Con GOGI puede llegar a descubrir que se siente mas cómodo donde vive.
- Con GOGI puede llegar a descubrir que tiene mas posibilidades de conseguir y mantener un trabajo.

GOGI-ismo

GOGI

Cuando el primer grupo de prisioneros escuchó la frase "getting out by going in" ("entrar para salir") uno de los muchachos hizo una broma y dijo, " Si, GOGI. Getting Out by Going In". Y así es como GOGI pasó a ser el nombre familiar para Entrar Para Salir. Recuerde que ese primer prisionero dijo GOGI con una G fuerte, así que rima con Yogi. Como el Oso Yogi, GOGI tiene dos sonidos G fuertes. Go-Gi.

FUNDAMENTOS GOGI

Herramientas GOGI – Las Doce Herramientas

Hay doce HERRAMIENTAS GOGI PARA TOMAR DECISIONES POSITIVAS y estas herramientas funcionan mejor cuando se aprende y practica una herramienta cada semana.

Las HERRAMIENTAS GOGI:

HERRAMIENTAS DEL CUERPO

JEFE DE MI CEREBRO

RESPIRACIÓN ABDOMINAL

INTERRUPTOR DE LUZ CINCO SEGUNDOS

HERRAMIENTAS DE ELECCIÓN

PENSAMIENTOS POSITIVOS

PALABRAS POSITIVAS

ACCIONES POSITIVAS

HERRAMIENTAS PARA AVANZAR

ASUMIR RESPONSABILIDAD

DEJAR IR

PARA-DAR

HERRAMIENTAS DE CREACIÓN

QUÉ PASARÍA SI

CONTROL DE LA REALIDAD

MÁXIMA LIBERTAD

Las Cuatro Secciones

Cada herramienta pertenece a una sección de herramientas. Hay cuatro secciones:

HERRAMIENTAS DEL CUERPO

HERRAMIENTAS DE ELECCIÓN

HERRAMIENTAS PARA AVANZAR

HERRAMIENTAS DE CREACIÓN

Cada Sección Tiene Tres Herramientas

Cada sección de las HERRAMIENTAS GOGI y cada sección de este libro se compone de tres herramientas. Cuando haya aprendido las tres herramientas en una sección significará que ha completado una sección entera de GOGI. Cuando complete las cuatro secciones a lo largo de un período de doce semanas, habrá aprendido todas las HERRAMIENTAS GOGI PARA TOMAR DECISIONES POSITIVAS.

Les agradezco por hacer disponible este plan de estudios para aquellos que están buscando una oportunidad para cambiar sus vidas y convertirse en mejores seres humanos. Como resultado de haber aplicado las herramientas GOGI en mi vida, soy "JEFE DE MI CEREBRO". Puedo hacerlo al utilizar "INTERRUPTOR DE LUZ CINCO SEGUNDOS" continuando con "RESPIRACIÓN ABDOMINAL" Este proceso continúa con lo que yo llamo los 3 positivos, "PENSAMIENTOS POSITIVOS", "PALABRAS POSITIVAS" y "ACCIONES POSITIVAS". Así es como utilizo algunas de las herramientas GOGI en mi vida.

Anthony W.

Finalización de Secciones

Aun si usted completa una sola sección, eso puede ser muy poderoso en su vida. Significa que usted tiene tres herramientas para tomar decisiones positivas que puede utilizar en cualquier momento, cualquier día, y cómo usted lo deseé.

Su Éxito

Usted será un estudiante GOGI exitoso cuando haga lo siguiente:

- □ Siga el **Calendario Nacional**.
- □ **Estudie** solo una herramienta cada semana para que usted pueda aprender a utilizar la herramienta durante toda la semana.
- □ Siga el **Formato de Reunión** con una o mas personas para mayor efectividad del estudio
- □ Esté activo en el **grupo de estudio** de las herramientas
- □ **Practique** las herramientas todos los días, cada semana.
- □ **Comparta** la herramienta cada semana con alguien.

El Calendario GOGI

En toda la nación, no importa donde se encuentre, cuando usted estudia de acuerdo al Calendario GOGI, nunca estará solo en sus estudios GOGI. Es MAS IMPORTANTE permanecer en el Calendario que comenzar los estudios GOGI con una herramienta particular.

¿Por Qué Estudiar de Acuerdo al Calendario?

GOGI es estudiado por miles y miles de estudiantes en todos los estados de los Estados Unidos y también en países extranjeros. Usted no está solo, y jamas estará solo con GOGI. Hay estudiantes GOGI utilizando las herramientas para tomar mejores decisiones, prácticamente en todas partes. Luego, cuando están lo suficientemente fuertes, comienzan a enseñar las HERRAMIENTAS GOGI a sus hijos, su familia y amigos. Nuestro Calendario GOGI permite que todos los estudiantes GOGI estudien la misma herramienta al mismo tiempo, sin importar donde vivan.

Como un estudiante GOGI exitoso, usted seguirá el Calendario GOGI de estudios. Si su grupo no está siguiendo el Calendario GOGI, menciόneselo al coordinador del grupo. Dígale al líder de su grupo que desea estar en el mejor grupo GOGI que sea posible y sugiera que su grupo siga el programa de los otros grupos.

A medida que usted progresa y continúa sus estudios GOGI, y cuando haya completado su clase o curso, puede permanecer conectado a GOGI enfocándose en el Calendario GOGI y las HERRAMIENTAS GOGI que están siendo estudiadas por otros.

El arte es un obsequio de Chica GOGI

El arte es un obsequio de Harper

El Orden de las Cosas

Puede ayudarle a sentirse apoyado el saber que está practicando la misma herramienta GOGI que está siendo estudiada en todo el mundo. Es de suma importancia que estudie las herramientas cómo están enumeradas en el Calendario GOGI para que cada grupo GOGI con el que se encuentre sea como su hogar, ya que estarán estudiando la misma herramienta.

Si usted está solo y estudiando sus HERRAMIENTAS GOGI, puede ayudarle saber que en realidad no está solo. Todo GOGI estudia la misma herramienta durante la misma semana; nuestros estudiantes son como una gran familia GOGI, todos enfocados en aprender una herramienta específica cada semana. Como las HERRAMIENTAS GOGI no son "pasos" no es necesario que comience con la primer herramienta.

Comenzar por el Medio

Algunos grupos comienzan sus estudios GOGI en el medio de las herramientas, porque de esa manera se les presentó en el calendario. Eso está bién. Mientras que el grupo permanezca en el Calendario GOGI, sabrá que su grupo se ha unido a otros que están practicando la misma herramienta.

Estudiando de este modo, podrá descubrir cual herramienta funciona mejor para usted. Recuerde que solo necesita una herramienta para hacer cambios duraderos en su vida, pero como desea el mayor de los éxitos, también aprenderá las otras herramientas, para así tener siempre una de repuesto.

Cuando Comenzar GOGI

Si desea comenzar sus estudios GOGI con JEFE DE MI CEREBRO, que es la primera herramienta enumerada en los libros GOGI, puede estudiar con otros estudiantes GOGI que siguen el calendario GOGI comenzando sus estudios en:

Enero	Primera semana	JEFE DE MI CEREBRO
Abril	Primera semana	JEFE DE MI CEREBRO
Julio	Primera semana	JEFE DE MI CEREBRO
Octubre	Primera semana	JEFE DE MI CEREBRO

Si su grupo comienza con JEFE DE MI CEREBRO en esas semanas, estará estudiando la misma herramienta que está siendo estudiada por otros grupos oficiales GOGI.

No Esperé

Usted no necesita esperar para comenzar GOGI. Comience GOGI en medio de un libro si es lo que dice el Calendario. Eso está bien. Cuando usted sigue el Calendario Nacional GOGI, usted forma parte de la enorme familia GOGI.

El Calendario GOGI

***Cuando haya un quinto lunes en el mes, repasar las cuatro herramientas.**

ENERO

Semana 1 JEFE DE MI CEREBRO
Semana 2 RESPIRACIÓN ABDOMINAL
Semana 3 INTERRUPTOR DE LUZ CINCO SEGUNDOS
Semana 4 PENSAMIENTOS POSITIVOS

FEBRERO

Semana 1 PALABRAS POSITIVAS
Semana 2 ACCIONES POSITIVAS
Semana 3 ASUMIR RESPONSABILIDAD
Semana 4 DEJAR IR

MARZO

Semana 1 PARA-DAR
Semana 2 QUÉ PASARÍA SI
Semana 3 CONTROL DE LA REALIDAD
Semana 4 MÁXIMA LIBERTAD

ABRIL

Semana 1 JEFE DE MI CEREBRO
Semana 2 RESPIRACIÓN ABDOMINAL
Semana 3 INTERRUPTOR DE LUZ CINCO SEGUNDOS
Semana 4 PENSAMIENTOS POSITIVOS

MAYO

Semana 1 PALABRAS POSITIVAS
Semana 2 ACCIONES POSITIVAS
Semana 3 ASUMIR RESPONSABILIDAD
Semana 4 DEJAR IR

JUNIO

Semana 1 PARA-DAR
Semana 2 QUÉ PASARÍA SI
Semana 3 CONTROL DE LA REALIDAD
Semana 4 MÁXIMA LIBERTAD

El Calendario GOGI

***Cuando haya un quinto lunes en el mes, repasar las cuatro herramientas.**

JULIO

Semana 1 JEFE DE MI CEREBRO
Semana 2 RESPIRACIÓN ABDOMINAL
Semana 3 INTERRUPTOR DE LUZ CINCO SEGUNDOS
Semana 4 PENSAMIENTOS POSITIVOS

AGOSTO

Semana 1 PALABRAS POSITIVAS
Semana 2 ACCIONES POSITIVAS
Semana 3 ASUMIR RESPONSABILIDAD
Semana 4 DEJAR IR

SEPTIEMBRE

Semana 1 PARA-DAR
Semana 2 QUE PASARÍA SI
Semana 3 CONTROL DE LA REALIDAD
Semana 4 MÁXIMA LIBERTAD

OCTUBRE

Semana 1 JEFE DE MI CEREBRO
Semana 2 RESPIRACIÓN ABDOMINAL
Semana 3 INTERRUPTOR DE LUZ CINCO SEGUNDOS
Semana 4 PENSAMIENTOS POSITIVOS

NOVIEMBRE

Semana 1 PALABRAS POSITIVAS
Semana 2 ACCIONES POSITIVAS
Semana 3 ASUMIR RESPONSABILIDAD
Semana 4 DEJAR IR

DICIEMBRE

Semana 1 PARA-DAR
Semana 2 QUE PASARÍA SI
Semana 3 CONTROL DE LA REALIDAD
Semana 4 MÁXIMA LIBERTAD

El arte es un obsequio de Lyle

La Estructura OFICIAL de las reuniones GOGI

Si usted está aprendiendo GOGI en un grupo o con otra persona y desea alcanzar el mayor de los éxitos, utilice la estructura de Reuniones GOGI. Recuerde que un grupo GOGI puede ser formado por solo dos personas, o un Grupo GOGI puede ser una reunión mas grande y oficial.

El tamaño ideal de un grupo GOGI es de 8 a 10 personas. Hemos visto salones con 100 estudiantes GOGI que inician la reunión y luego se dividen en grupos pequeños para su aprendizaje GOGI. Aun si usted está estudiando GOGI individualmente, el Formato de Reuniones es una buena guía para usted. Cuando hay grupos grandes, lo mejor es dividirlos en grupos mas pequeños para las reuniones.

Los mejores y mas eficaces Grupos GOGI siguen el Formato de Reuniones GOGI. Esto sirve para proveer refuerzo de las herramientas, aumentar la armonía comunitaria, y fortalecer su familiarización con la aplicación de las HERRAMIENTAS GOGI en su vida cotidiana.

Despues de 16 años derechos que llevo de preso, alguien me presentó el programa GOGI y sus Doce Herramientas en uno de mis peores momentos. No pudo haber llegádo en mejór momento, y aunque soy nuevo a todo ésto, las herramientas me han ayudado a llevar una vida mas tranquila.

ABEL

GOGI-ismo

GOGI Por Vida

Cuando los estudiantes GOGI hispanohablantes comenzaron a traducir materiales GOGI a su idioma nativo, fue natural que se apropiaran de "GOGI POR VIDA."

Ejemplo del Formato de sus Reuniones GOGI como se Sugiere en Cada Capítulo

Dar Comienzo a la Reunión

(Un voluntario abre la reunión) "Atención, va a comenzar la reunión. El propósito de GOGI es proveer herramientas simples para cualquiera que esté interésado en tomar decisiones mas positivas en su vida."

Lectura de Sus Herramientas

(Un voluntario lee)

Las HERRAMIENTAS GOGI PARA TOMAR DECISIONES POSITIVAS son:

JEFE DE MI CEREBRO
RESPIRACIÓN ABDOMINAL
INTERRUPTOR DE LUZ CINCO SEGUNDOS
PENSAMIENTOS POSITIVOS
PALABRAS POSITIVAS
ACCIONES POSITIVAS
ASUMIR RESPONSABILIDAD
DEJAR IR
PARA-DAR
QUE PASARÍA SI
CONTROL DE LA REALIDAD
MÁXIMA LIBERTAD

Control/Resumen de Su Semana Anterior

Un breve repaso de la herramienta de la semana anterior.

Su Calendario Nacional GOGI

(Voluntario para decir cual es la herramienta de la semana como se encuentra en el Calendario Nacional) *"De acuerdo al Calendario Nacional, los estudiantes GOGI esta semana están estudiando la herramienta (ver calendario)."*

Su Lectura

Voluntarios toman turnos para leer, de este libro, la información acerca de la herramienta de esta semana.

Su Actividad

Cada actividad se comparte en pares o grupos pequeños.

Las Preguntas de su Grupo

Se discuta las preguntas al final del capítulo

Compromiso GOGI

(Voluntario para leer) Por favor repitan después de mi:

Que nuestro compromiso (repetir)
Al estudio de GOGI (repetir)
Nos de el gozo (repetir)
De dar y recibir (repetir)
Para que nuestra libertad interior (repetir)
Sea de máximo beneficio (repetir)
A aquellos que amamos (repetir)
E innumerables otros (repetir)

Cierre Su Reunión

(Voluntario para Cerrar la Reunión)

Los invitamos a asistir a nuestra próxima reunión que tendrá lugar el (fecha) donde estudiaremos la Herramienta GOGI (consulte el Calendario).

El arte es un obsequio de Xavier H.

1

SECCIÓN UNO:

Enséñame Cómo Hacer GOGI

HERRAMIENTAS DEL CUERPO

JEFE DE MI CEREBRO
RESPIRACIÓN ABDOMINAL
INTERRUPTOR DE LUZ CINCO SEGUNDOS

DECLARACIÓN DE PROPIEDAD – JEFE DE MI CEREBRO

JEFE DE MI CEREBRO

Yo soy JEFE DE MI CEREBRO y tengo un control total sobre cada pensamiento que produzco. Porque soy el JEFE DE MI CEREBRO, puedo cambiar mis pensamientos en cualquier momento. Nadie tiene control sobre mis pensamientos porque solo yo soy el JEFE DE MI CEREBRO.

Ya no tengo que culpar
a los demas por mis deci
gion, yo soy el Jefe de mi
cerebro y el responsable por
cada accion y consecuencia.
Nadie puede entrar en mi
mente, ni yo no lo permito.
JOSÉ

Repita la declaración de propiedad de esta semana tan frecuentemente como le sea posible. Antes de levantarse de la cama, antes de sus comidas, durante su tiempo libre y antes de dormirse. Escriba esta declaración para reforzar su interés. Su declaración de propiedad semanal refuerza la herramienta de esta semana.

MI HERRAMIENTA GOGI

JEFE DE MI CEREBRO

Las semanas para estudiar
JEFE DE MI CEREBRO son:

Primera Semana de enero

Primera Semana de abril

Primera Semana de julio

Primera Semana de octubre

GOGI - ENERO						
D	L	M	M	J	V	S
JEFE DE MI CEREBRO						
Segunda Semana del Mes						
Tercera Semana del Mes						
Cuarta Semana del Mes						

GOGI - ABRIL						
D	L	M	M	J	V	S
JEFE DE MI CEREBRO						
Segunda Semana del Mes						
Tercera Semana del Mes						
Cuarta Semana del Mes						

PALABRAS CLAVE
JEFE DE MI CEREBRO

GOGI - JULIO						
D	L	M	M	J	V	S
JEFE DE MI CEREBRO						
Segunda Semana del Mes						
Tercera Semana del Mes						
Cuarta Semana del Mes						

LAS TRES PARTES

Hay tres partes que son importantes: PARTE INTELIGENTE, PARTE EMOCIONAL y PARTE DE VIEJOS HÁBITOS. ¿Cuál está siendo el jefe actualmente?

GOGI - OCTUBRE						
D	L	M	M	J	V	S
JEFE DE MI CEREBRO						
2nd week of the month						
3rd week of the month						
4th week of the month						

con afecto

Coach Taylor

JEFE DE MI CEREBRO

Mientras lee este capítulo, por favor tenga en cuenta que la mayoría de los seres humanos no asumen el rol de jefes de su propio cerebro. La mayoría de los seres humanos dejan que otras personas sean los jefes de su cerebro. La mayoría de las personas creen las cosas negativas que escucharon cuando eran niños, o las cosas negativas que se dicen a si mismos cuando hacen malas elecciones.

Si las personas creen en las cosas negativas que escuchan o se dicen a si mismos, están siendo malos jefes de su cerebro. Imagine si usted fuera dueño de una compañía. ¿Piensa que sus obreros trabajarían mas si les dice que son estúpidos? ¿O trabajarían mejor si les dice que son inteligentes y capaces de lograr grandes cosas?

Es su tarea convertirse en un mejor jefe de lo que fue en el pasado. Concéntrese en las cosas positivas que PUEDE hacer y luego piense en cuanto mas puede hacer que sea positivo. Concéntrese en ser un mejor jefe, la clase de jefe que siempre quiso tener.

Usted y solo usted es el JEFE DE SU CEREBRO. Si usted es un mal jefe, obtendrá malos resultados. Si es un buen jefe, el cielo es el límite.

Sea lo que sea que haya hecho errado en su pasado, eso puede convertirse en una parte cada vez mas pequeña de su vida cuando utiliza JEFE DE MI CEREBRO para guiar sus decisiones. Con esta simple herramienta usted puede convertirse en mucho mas de lo que hubiera pensado que fuera posible.

El arte es un obsequio de Harper

OBJETIVO – JEFE DE MI CEREBRO

Su objetivo con la herramienta de esta semana es aprender que usted tiene la elección de cómo piensa su cerebro.

Puede pensar INTELIGENTE, pensar EMOCIONAL o pensar con sus VIEJOS HÁBITOS. Usted es el jefe de cómo pensar y aprenderá a cómo ser el jefe con la herramienta de esta semana llamada JEFE DE MI CEREBRO.

Mi nombre es Arturo Garcia.
Gracias a Dios y a la herramienta
del Jefe De mi cerebro
hoy soy Patron de mi vida al
tener control de mis pensamientos,
reacciones y decisiones. Yo soy el
unico que elijo mis pensamientos
para manejar mi vida en una
dirección positiva. Arturo G.

GOGI-ismo

Entrenadora GOGI

Cuando el primer grupo de prisioneros se sentó en su primer grupo en una Prisión Federal, uno de los hombres preguntó a la coordinadora, "¿Qué es usted? ¿Usted es una maestra? ¿Predicadora? ¿Psicóloga?" Cuando ninguno de esos títulos era adecuado, la Entrenadora Taylor respondió, "Soy simplemente una voluntaria de la comunidad que piensa que usted puede hacer elecciones mas positivas en su vida." Uno de los prisioneros dijo, "¿como si fuera una Entrenadora?" Y así fue cómo le fue dado el título de Entrenadora a la Entrenadora Taylor, y a todos los hombres y mujeres que obtienen la certificación de Entrenadores GOGI.

AGENDA – JEFE DE MI CEREBRO

A continuación está la guía para la clase/grupo GOGI de 90 minutos de esta semana:

1. Dar Comienzo a la Reunión (1 minuto)
2. Lectura de las Herramientas GOGI (1 minuto)
3. Control/Repaso de la Semana Anterior un breve resumen (10 minutos)
4. Control del Calendario Nacional GOGI ¿Cuál es la herramienta de esta semana? (1 minuto)
5. Lectura y Actividad Para esta herramienta de este capítulo (30 minutos)
6. Debate de Grupo Encontrado en este capítulo (40-50 minutos)
7. Conclusiones Finales (1 minuto)
8. Su Compromiso GOGI y Cierre de la Reunión (2- 5 minutos)

GOGI-ismo

Estar "GOGI-ficado"

R. Petersen es conocida por difundir GOGI en su trabajo con hombres en un programa de tratamiento de drogas. Cuando se le preguntó cómo se involucró con GOGI, uno de los alumnos de Petersen dijo, "Ella me GOGI-ficó y yo ni siquiera lo sabía."

INTRODUCCIÓN A LA HERRAMIENTA – JEFE DE MI CEREBRO

¿Sabía usted que GOGI cree que solo hay tres partes de su cerebro que usted necesita comprender? En GOGI nos enfocamos en tres partes de su cerebro:

LAS TRES PARTES SON:

- La parte INTELIGENTE
- La parte EMOCIONAL
- La parte de LOS VIEJOS HÁBITOS

El arte es un obsequio de Jennifer B.

CÓMO UTILIZAR – JEFE DE MI CEREBRO

Si quiere utilizar la HERRAMIENTA GOGI llamada JEFE DE MI CEREBRO, todo lo que necesita hacer es preguntarse "¿Qué parte de mi cerebro está a cargo actualmente?" Es así de simple.

- La parte INTELIGENTE de su cerebro es donde usted aprende cosas nuevas. Esta es la parte del cerebro que le ayudará a fortalecerse y a tomar decisiones positivas.
- La parte EMOCIONAL está llena de opiniones, dramas, enojos o dolores. Cuando usted permite que esta parte de su cerebro sea el jefe, no podrá tomar decisiones positivas.
- La parte de su cerebro de los VIEJOS HÁBITOS es donde están almacenados todos esos viejos hábitos que ya no necesita. Cuanto menos dependa de los viejos hábitos, mas espacio tendrá para que la PARTE INTELIGENTE le ayude a crear nuevos hábitos positivos.

Muchas personas tienden a juzgar y abandonar a aquellos que han realizado malas elecciones en su vida. A algunos de nosotros nunca nos enseñaron cómo vivir una vida positiva. Este libro nos puede dar algunas herramientas para tomar decisiones sabias y vivir una vida productiva como ciudadanos en sociedad. También nos da la habilidad de compartir nuestro propio crecimiento con aquellos que todavía están tratando de encontrar su camino.

Tony U.

Una nota de la Entrenadora Taylor

Cada mañana al despertar puede decir, "Hoy, soy JEFE DE MI CEREBRO." y tomar todas las decisiones del día siendo el jefe.

ASUMO
RESPONSABILIDAD
GOGI
GOGI

Siempre he sido el jefe...

Siempre he sido el JEFE DE MI CEREBRO. Desafortunadamente, no siempre utilicé la parte inteligente de mi cerebro. Bajo el estado mental del pasado, nadie podría haberme dicho que no era así. Mi pensamiento era cerrado. No obstante, en el estilo de vida en que vivía, parecía amplio. Mientras reflexiono en mi pasado, ser JEFE DE MI CEREBRO sólo funcionaba en el círculo reflexivo de viejos hábitos emocionales. Sabía y siempre supe que podía hacer mejor las cosas, pero elejí no aprovechar mi potencial. La elección y decisión por ese estilo de vida fue un espejismo de felicidad, poder y contenido. Llevó a detener mi vida a la tierna edad de diecinueve años. Fui acusado y sentenciado por un crimen que no cometí. Esto me dejó muy enojado, resentido, y sin esperanzas.

Me llevó casi dos décadas darme cuenta de que mi inocencia sólo existía en la manera en que yo la veía. Tuve que asumir la responsabilidad sobre el estilo de vida que había escogido vivir; asumir la agonía de la realidad de que no sólo no tenía respeto por otra vida humana, tampoco lo tenía por la mía. Descarté los sentimientos de aquellos que amaba, conformándome con sentimientos que no eran saludables. Habiendo llegado a darme cuenta, tuve que dejar a un lado la conversación como víctima y abrazar una nueva manera de vivir. Porque si tengo algún propósito; siento que es que debo compartir el testimonio de "la experiencia de mi vida" y de cómo aprendí a ser JEFE DE MI CEREBRO. A través de la adversidad para asumir el dolor por las elecciones que no eran saludables. Aprendí a DEJAR IR la amargura y el enojo y encontrar sentido a mi vida aprendiendo de mi anterior manera de vivir.

Toda mi vida he sido bendecido por Dios, quien me acompañó a través de obstáculos que pude vencer. El ha continuado bendiciéndome a través de los años de vivir en un ambiente desolado, y solo para poder recibir el consuelo de compartir mi testimonio y bendiciones con una sonrisa !

GOGI por Vida

Reginald D. Malone

REPASO – JEFE DE MI CEREBRO

Lo único que debe hacer es preguntarse, "¿qué parte de mi cerebro está funcionando en este momento? ¿Estoy utilizando mi parte INTELIGENTE, mi parte EMOCIONAL o mi parte de los VIEJOS HÁBITOS?"

Si usted se hace esta pregunta, entonces está utilizando la HERRAMIENTA GOGI JEFE DE MI CEREBRO. Si usted no utiliza ninguna otra herramienta, JEFE DE MI CEREBRO es suficiente para que sea el jefe de su vida y hacer los cambios que le permitirán disfrutar un poco mas cada día.

Algunos estudiantes GOGI encuentran mas fácil ser el JEFE cuando se tocan la frente para recordarse de PENSAR INTELIGENTEMENTE.

Una nota de la Entrenadora Taylor

He visto a muchos hombres doblegarse y llorar cuando descubren que esta herramienta los ha ayudado a reencontrarse con la familia que en el pasado han herido con sus adicciones y malas decisiones. El poder de esta herramienta es ilimitado, y ahora es SU herramienta para que usted la use siempre que lo considere oportuno. ¿Qué desea para su vida? Esa es la única pregunta.

ACTIVIDAD – JEFE DE MI CEREBRO

Solo, con otra persona, o en grupos pequeños, usted puede disfrutar de esta actividad.

1. FRENTE – Por favor toque su frente. Justo detrás de su frente está la PARTE INTELIGENTE de su cerebro. Comparta un ejemplo con su compañero o su grupo acerca de cuando usted toma decisiones positivas utilizando el pensamiento de la PARTE INTELIGENTE.

2. OREJAS – Ahora toque sus orejas. Entre sus dos orejas, en el medio de su cabeza, está la PARTE EMOCIONAL de su cerebro. Comparta un ejemplo con su compañero o su grupo acerca de cuando usted toma decisiones emocionales y permite que la PARTE EMOCIONAL sea el jefe.

3. NUCA – Ahora coloque su mano en la parte de atrás de su cabeza. Allí es donde están los PENSAMIENTOS DE LOS VIEJOS HÁBITOS. Comparta un ejemplo de PENSAMIENTOS DE VIEJOS HÁBITOS, que lo hayan controlado en el pasado.

REPASO – Después de que todos en su grupo haya completado esta actividad puede hacer que cada uno toque su frente y decir una cosa que harán cada día de esta semana utilizando la PARTE INTELIGENTE para PENSAMIENTOS INTELIGENTES.

El arte es un obsequio de Benny G.

PREGUNTAS GRUPALES – JEFE DE MI CEREBRO

1. ¿Hubo hoy un momento en que utilizó la PARTE INTELIGENTE de su cerebro? Por favor explique.
2. ¿Cuándo piensa que será tentado a utilizar la PARTE DE LOS VIEJOS HÁBITOS?
3. ¿Por qué piensa que algunas personas utilizan la PARTE EMOCIONAL cuando les sucede algo malo?
4. ¿Qué puede hacer para utilizar mas frecuentemente la PARTE INTELIGENTE cada día?

GOGI-ismo

HERRAMIENTAS DEL CUERPO

Los estudiantes de GOGI sugerieron que GOGI ubicara sus herramientas en grupos fáciles de memorizar. HERRAMIENTAS DEL CUERPO fue un grupo creado para JEFE DE MI CEREBRO, RESPIRACIÓN ABDOMINAL e INTERRUPTOR DE LUZ CINCO SEGUNDOS. Todas estas herramientas se relacionan a su control sobre las reacciones de su cuerpo a los desafíos inevitables de la vida.

Entrenadora CARRANZA

Entrenador Carranza ayudan al equipo de GOGI abrir el correo semanal y el grupo celebra donaciones sello de presos.

Hoy día yo soy la JEFE DE MI CEREBRO. Esta herramienta es muy poderosa para mí. Toda mi vida he dejado que otras personas dictaran e influyeran mi vida. De cómo hablar, como vestir, cómo expresarme, de las amistades, aun del que dirán. Cuando escuché la frase JEFE DE MI CEREBRO, yo no comprendí el significado inmediatamente. Cuando comencé a procesar en mi mente que yo soy la JEFE DE MI CEREBRO, sentí como si un gran peso se me quito de encima. Llegue a comprender que nadie tiene el derecho de dictar como vivir mi vida. JEFE DE MI CEREBRO ha llegado a ser parte de mi vida diaria y cotidiana. Yo decido como procesar mis pensamientos y decisiones.

JEFE DE MI CEREBRO me ayuda a mantener mis pies firmemente

sobre la tierra. No tengo que preguntar de porque, como, cuando, donde, o quién. Me ayuda a eliminar todos esos pensamientos los cuales me han tenido encadenada por mucho tiempo. JEFE DE MI CEREBRO me ayuda a decir, "Ya basta". JEFE DE MI CEREBRO me ayuda a valorarme a mí misma. Me da el valor de decirle a esos viejos pensamientos, "Ahora" yo controlo mi cerebro. Esas decisiones son mías para elegir. Me ayuda a tomar decisiones por mi misma. JEFE ME MI CEREBRO es una de todas las herramientas que uso diariamente.

Hoy día tengo la oportunidad enseñar con mi conducta que yo tengo el control de este cerebro. Mi mejor recompensa es el tener el privilegio y la oportunidad el poder enseñar esta herramienta a los demás, no solamente a los que están encarcelados. Hoy día yo he decidido ser la JEFE DE MI CEREBRO.

GOGI POR VIDA

Coach Carranza

Una nota de la Entrenadora Taylor

La entrenadora Carranza había hecho malas elecciones en su vida. Cuando aprendió JEFE DE MI CEREBRO comenzó a aplicarla a cosas pequeñas, esas cosas que podía controlar en su diminuto espacio. Al recuperar su libertad y dedicar su vida al servicio de su comunidad, continuó utilizando esta herramienta, pero se convirtió en algo automático, y no algo en lo que había que pensar demásiado. En la actualidad, sólo toma decisiones positivas, y comparte su viaje con usted.

GUÍA DE ESTUDIO SEMANAL

(Coordinador, por favor, siempre que sea posible haga una copia de esta guía para distribuir al comienzo de su reunión. Con esta guía, los estudiantes pueden asegurarse de que están aprendiendo los conceptos importantes de la herramienta de esta semana)

Fecha de hoy ______________________________

Mi nombre ______________________________

Por favor conteste todas las preguntas y siéntase en libertad de buscar las respuestas en su libro, debatir con sus compañeros, o preguntar a su coordinador.

1) ¿A qué SECCIÓN DE HERRAMIENTAS corresponde la herramienta de esta semana?

____

____

____

2) ¿Cuáles MESES DEL AÑO están dedicados al estudio de esta herramienta? ______________________________

____

____

____

____

3) ¿Cuáles SEMANAS DEL AÑO están dedicadas al estudio de esta herramienta? ______________________________

____

____

____

____

4) ¿Cuáles son las PALABRAS CLAVE de esta herramienta?____

____

____

____

____

5) ¿Cuál es la DECLARACIÓN DE PROPIEDAD para esta herramienta? ________________________________

____

____

____

____

6) Piense acerca de un momento en su vida, ya sea pasado, presente, o futuro, cuando esta herramienta podría serle útil. ¿Cómo usaría esta herramienta? ____________________

____

____

____

____

____

____

____

____

____

____

____

Declaración de Propiedad – RESPIRACIÓN ABDOMINAL

RESPIRACIÓN ABDOMINAL

Con RESPIRACIÓN ABDOMINAL, puedo relajar mi cuerpo instantáneamente y puedo tomar decisiones positivas. Cuando utilizo RESPIRACIÓN ABDOMINAL tomo control de mis pensamientos y mis sentimientos.

Respiracion ABDominal es
una Erramienta que La
practico todos Los Diaz.
Y tanbien veo a otros
que La estan practicando
cuando La necesitan.
Muchas Gracias GOGI.
Capacete, JOSÉ -- Cap. J.C.

Repita la declaración de propiedad de esta semana tan frecuentemente como le sea posible. Antes de levantarse de la cama, antes de sus comidas, durante su tiempo libre y antes de dormirse. Escriba esta declaración para reforzar su interés. Su declaración de propiedad semanal refuerza la herramienta de esta semana.

MI HERRAMIENTA GOGI

RESPIRACIÓN ABDOMINAL

Las semanas para estudiar RESPIRACIÓN ABDOMINAL son:

Segunda Semana de enero

Segunda Semana de abril

Segunda Semana de julio

Segunda Semana de octubre

GOGI - ENERO
D L M M J V S
Primera Semana del Mes
RESPIRACIÓN ABDOMINAL
Tercera Semana del Mes
Cuarta Semana del Mes

GOGI - ABRIL
D L M M J V S
Primera Semana del Mes
RESPIRACIÓN ABDOMINAL
Tercera Semana del Mes
Cuarta Semana del Mes

PALABRAS CLAVE
RESPIRACIÓN ABDOMINAL
Una mano en mi pecho, una mano en mi abdomen. ¿Cuál se está moviendo ahora?

GOGI - JULIO
D L M M J V S
Primera Semana del Mes
RESPIRACIÓN ABDOMINAL
Tercera Semana del Mes
Cuarta Semana del Mes

MI CEREBRO FUNCIONA MEJOR CUANDO MI ABDOMEN SE MUEVE

GOGI - OCTUBRE
D L M M J V S
Primera Semana del Mes
RESPIRACIÓN ABDOMINAL
Tercera Semana del Mes
Cuarta Semana del Mes

con afecto *Coach Taylor*

RESPIRACIÓN ABDOMINAL

La mayoría de los seres humanos no comprenden la importancia de respirar profundamente, con el aire entrando hacia su abdomen. Si tendría que pensar acerca de su respiración en este momento, probablemente sienta el aire en su pecho, pero no en su abdomen. Al menos que sienta el aire en su abdomen, usted no está respirando correctamente.

Hágase un favor. Coloque una de sus manos en su abdomen y la otra en su pecho. ¿Se está moviendo su abdomen? ¿Se está moviendo su pecho? Si su pecho se está moviendo, no está respirando correctamente. Para respirar correctamente, con cada respiración su abdomen se debe mover hacia adentro y hacia afuera.

¿Por qué esto es tan importante? Porque si usted respira con su pecho es probable que el oxígeno no llegue a todas las partes de su cuerpo, incluyendo su cerebro. Si el oxígeno no llega a todas las partes de su cuerpo, incluyendo su cerebro, es muy probable que usted no tome las mejores decisiones. ¿Por qué? Porque su cerebro necesita oxígeno. Si usted respira con su pecho, le está negando a su cerebro el oxígeno que necesita para ayudarle a tomar mejores decisiones.

Así no aprende nada mas con este libro mas que, aprender a hacer la mejor RESPIRACIÓN ABDOMINAL le ayudará a tomar mejores decisiones. Además, estará mas tranquilo, mas calmado para reaccionar ante un drama, mas sabio para enfrentar desafíos, y en general se sentirá mejor.

La RESPIRACIÓN ABDOMINAL puede ser su mejor herramienta para comenzar a aprender a ser la mejor persona posible. Simplemente coloque una mano en su abdomen y la otra mano en su pecho. ¿Cuál se está moviendo? Esta simple acción pudo haber cambiado su pasado, cambiará su presente y sin lugar a dudas cambiará su futuro para mejor. Conviértase en un experto en RESPIRACIÓN ABDOMINAL y asegúrese de compartir esta herramienta con otras personas. Enseñe con el ejemplo. Lidere con el ejemplo.

El arte es un obsequio de Lahey

OBJETIVO – RESPIRACIÓN ABDOMINAL

Su objetivo al aprender la herramienta de esta semana es respirar con su pecho manteniéndose quieto y su abdomen moviéndose hacia adentro y hacia afuera. Esta es la manera mas poderosa de respirar y usted puede alcanzar esto con la herramienta de esta semana llamada RESPIRACIÓN ABDOMINAL.

Cualquier cosa que pongo en mi cerebro (mi computadora) es mi propia responsabilidad, a no ser que deje que alguien sea el Jefe de mi Cerebro. Tengo una parte Inteligente, una Parte Emocional y la parte de los viejos hábitos. Conocer estos tres componentes de mi cerebro, realmente me ayudó a identificar y comprenderme a mi y a mi cerebro. Procesar los pensamientos puede ser como un virus maligno cuando los viejos patrones negativos de conducta impulsiva tratan de entrar nuevamente y tomar control. Es fundamental que yo no vuelva a caer en mi viejo sistema de pensamiento de pensar, hablar, y acciones y reacciones cuando estoy lidiando con los obstáculos, problemas y desafíos de la vida. La Parte Inteligente funciona.

Frank M.

AGENDA – RESPIRACIÓN ABDOMINAL

A continuación está la guía para la clase/grupo GOGI de 90 minutos de esta semana:

1. Dar Comienzo a la Reunión (1 minuto)
2. Lectura de las Herramientas GOGI (1 minuto)
3. Control/Repaso de la Semana Anterior un breve resumen (10 minutos)
4. Control del Calendario Nacional GOGI ¿Cuál es la herramienta de esta semana? (1 minuto)
5. Lectura y Actividad Para esta herramienta de este capítulo (30 minutos)
6. Debate de Grupo Encontrado en este capítulo (40-50 minutos)
7. Conclusiones Finales (1 minuto)
8. Su Compromiso GOGI y Cierre de la Reunión (2- 5 minutos)

Oxigenice su cerebro
Con respiración estomacal
Para tomar decisiones positivas
y su vida mejorará Fco. F.

Una nota de la Entrenadora Taylor

Aunque usted esté solo en una celda, haga una reunión y imagine y sepa que cientos de miles de prisioneros están haciendo lo mismo. En GOGI usted nunca está solo. Nunca, nunca solo.

INTRODUCCIÓN A LA HERRAMIENTA – RESPIRACIÓN ABDOMINAL

¿Sabía usted que respirar con el abdomen lo hace mas inteligente? Es verdad. Esto es porque cuando usted respira dentro de su abdomen también está llevando oxígeno a su cerebro, y eso hace que su cerebro funcione mejor. GOGI cree que hay dos tipos de respiración. Hay respiración con su pecho y RESPIRACIÓN ABDOMINAL.

Cuando usted descubre que es el jefe de su cerebro ¡¡obtiene el poder de cambiar el mundo a su alrededor!!

David C.

Una nota de la Entrenadora Taylor

La entrenadora Carranza había hecho malas elecciones en su vida. Cuando aprendió JEFE DE MI CEREBRO comenzó a aplicarla a cosas pequeñas, esas cosas que podía controlar en su diminuto espacio. Al recuperar su libertad y dedicar su vida al servicio de su comunidad, continuó utilizando esta herramienta, pero se convirtió en algo automático, y no algo en lo que había que pensar demásiado. En la actualidad, sólo toma decisiones positivas, y comparte su viaje con usted.

CÓMO UTILIZAR – RESPIRACIÓN ABDOMINAL

Usted puede utilizar la herramienta RESPIRACIÓN ABDOMINAL en cualquier momento. A continuación enumeramos tres maneras de utilizar la herramienta:

- Puede colocar una mano en su pecho y la otra mano en su abdomen y ver cual se está moviendo.
- O, simplemente coloque una mano en su abdomen para asegurarse que se mueve, en acorde con su respiro.
- Y, si usted está respirando con su pecho, puede dirigir el aire hacia su abdomen y comenzar la RESPIRACIÓN ABDOMINAL.

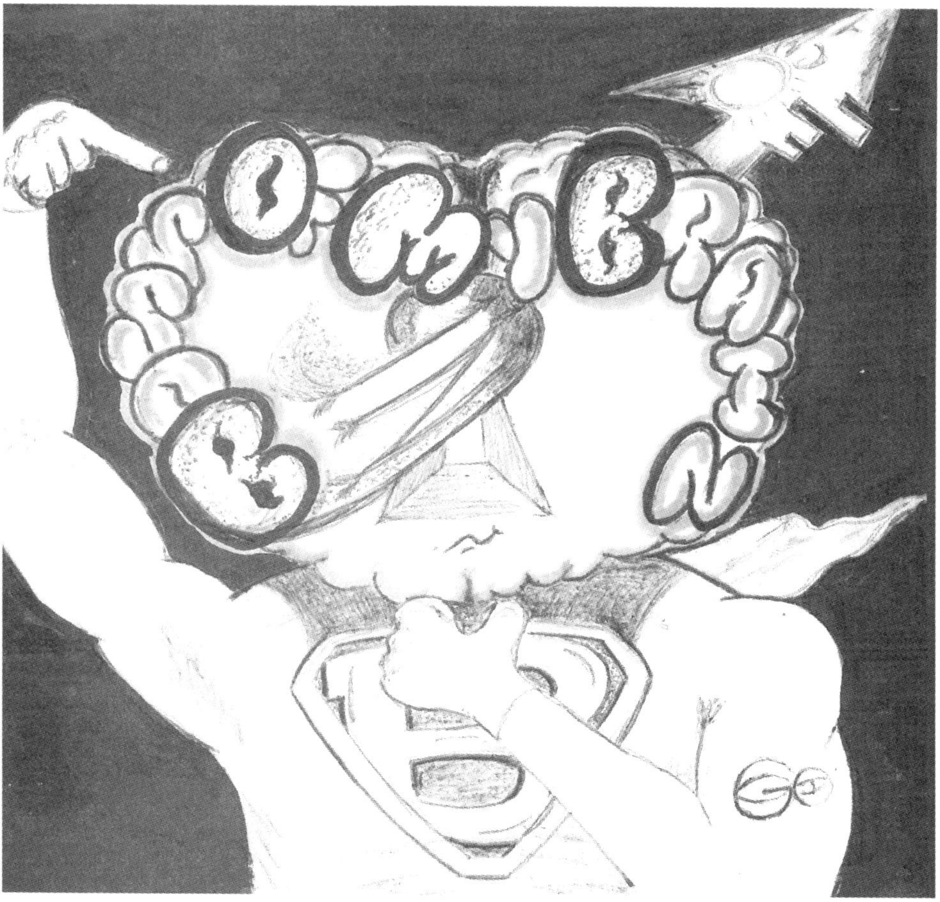

El arte es un obsequio de Rico R.

El arte es un obsequio de Noel

Una nota de la Entrenadora Taylor

Las HERRAMIENTAS DE ELECCIÓN están allí para que usted las utilice como quiera. Siempre están disponibles inmediatamente y no necesita permiso para utilizarlas. Usted es la única persona que puede crear pensamientos en su mente. Nadie puede elegir sus palabras. Y, en gran medida, aunque usted esté confinado a una celda de prisión de 8 pies, la mayoría de lo que hace dentro de esa celda es su elección.

Las HERRAMIENTAS DE ELECCIÓN le dan el poder para elegir. ¿Qué va a elegir? ¿Elegirá utilizar las herramientas GOGI? ¿O elegirá culpar a otros y esperar un milagro que no es probable que suceda sin su trabajo diligente?

El arte es un obsequio de David O.

ACTIVIDAD – RESPIRACIÓN ABDOMINAL

De a dos, en grupos pequeños, o aun solo puede disfrutar de esta actividad. Ponerse de pié hace que esta actividad funcione aun mejor.

1. Haga que todos pongan su mano en su pecho. Observe la respiración de los miembros de su grupo. ¿Observa que algunas personas respiran con sus pechos que suben y bajan?
2. Ahora haga que todos coloquen su otra mano en su abdomen. ¿Observa que algunas personas respiran con su abdomen moviéndose hacia adentro y hacia afuera?
3. Haga que los miembros del grupo señalen quien está respirando con el pecho y quienes están practicando RESPIRACIÓN ABDOMINAL. Su objetivo es que todos los miembros de su grupo usen RESPIRACIÓN ABDOMINAL.

Una nota de la Entrenadora Taylor

Por favor no se avergüence acerca de sus esfuerzos para ser un mejor ser humano. Participe en conversaciones. Haga y responda preguntas. Realice las actividades. Es en la ACCIÓN donde el conocimiento de cómo ser un mejor ser humano se hace sólido. No sienta vergüenza. Sea valiente en probar algo positivo con toda la pasión que pueda crear y con el compromiso que necesita para que el cambio suceda.

RESÚMEN –
RESPIRACIÓN ABDOMINAL

La RESPIRACIÓN ABDOMINAL le ayudará a tomar decisiones mas positivas porque cuando usted envía aire a su abdomen, su cerebro trabaja mejor.

Lo único que usted necesita hacer para utilizar esta herramienta es preguntarse, ¿qué parte del cuerpo está recibiendo aire? ¿Está respirando con su pecho o está practicando RESPIRACIÓN ABDOMINAL?

"Con GOGI soy un mejor artista."

Entrenadora CARRANZA

RESPIRACIÓN ABDOMINAL es la herramienta que ayuda a proveer oxígeno al cerebro. Cuando recibimos el oxígeno necesario nos da la habilidad de hacer mejores decisiones. Decisiones positivas, decisiones que no nos harán daño. RESPIRACIÓN ABDOMINAL me recuerda mucho a mi madre. Ella me decía "Mari, piensa para hablar, no hables para pensar". RESPIRACIÓN ABDOMINAL para mi es una manera de meditar. Cada día experimentamos situaciones las cuales nos causan ansiedades, tensiones, preocupaciones, que nos llegan a solamente reaccionar sin pensar. Yo, en lo personal si lo experimento diariamente, en el trabajo, cuando voy manejando, en el tráfico, cuando voy de compras. La persona que yo fui hace mucho, solamente reaccionaria e haría comentarios no siempre muy agradables. Hoy día, a decir verdad me paro a mi misma y me digo, no vale la pena reaccionar negativamente y entonces lo dejo ir. RESPIRACIÓN ABDOMINAL me ayuda a mantenerme calmada y a no solamente reaccionar. Esta herramienta nos ayuda a evadir situaciones irracionales.

Hace unos días estaba con mi amiga de mas de 20 años. Bueno hubo un tiempo que perdimos contacto por mas de 10 años. Le enseñe el libro de GOGI y la primera herramienta que ella y su esposo empezaron a practicar fue RESPIRACIÓN ABDOMINAL. Me dio mucho agrado al ver que ellos estaban interésados de cómo las herramientas GOGI funcionan. Este es un ejemplo de cómo las herramientas de GOGI pueden beneficiar a todas las personas, no solamente a las que están encarceladas.

Hoy día yo uso RESPIRACIÓN ABDOMINAL diariamente.

GOGI POR VIDA

Coach Carranza

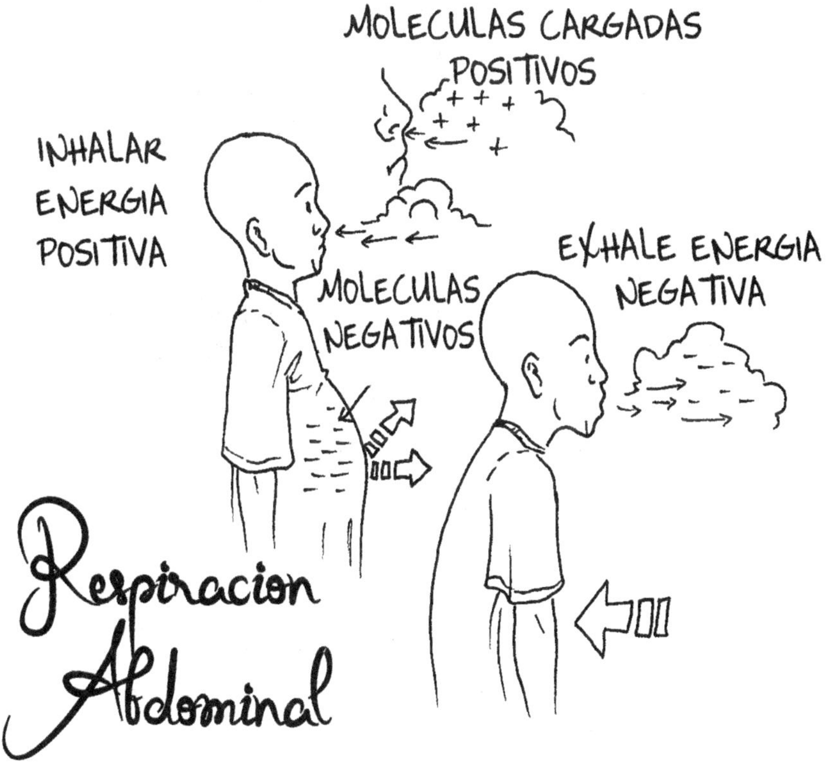

El arte es un obsequio de Harper

Una nota de la Entrenadora Taylor

¿Puede imaginar cómo sería su vida si estudiara GOGI y fuera tan bueno utilizando las herramientas que la gente vendría a USTED para aprender cómo estudiar GOGI? Eso es posible. GOGI confía en que los estudiantes surjan como maestros. GOGI no tiene maestros contratados. GOGI tiene hombres y mujeres que han estado presos y que son voluntarios para ser maestros. ¿Puede verse a usted mismo viviendo una vida de servicio de ese modo? GOGI necesita que usted sea el mejor ser humano posible, aprendiendo y compartiendo GOGI sabemos que estará en un camino firme.

GUÍA DE ESTUDIO SEMANAL

(Coordinador, por favor, siempre que sea posible haga una copia de esta guía para distribuir al comienzo de su reunión. Con esta guía, los estudiantes pueden asegurarse de que están aprendiendo los conceptos importantes de la herramienta de esta semana)

Fecha de hoy ____________________

Mi nombre ____________________

Por favor conteste todas las preguntas. Por favor siéntase en libertad de buscar las respuestas en su libro, debatir con sus compañeros, o preguntar a su coordinador.

1) ¿A qué SECCIÓN DE HERRAMIENTAS corresponde la herramienta de esta semana?

____

____

____

2) ¿Cuáles MESES DEL AÑO están dedicados al estudio de esta herramienta? ____________________

____

____

____

____

3) ¿Cuáles SEMANAS DEL AÑO están dedicadas al estudio de esta herramienta?____________________

____

____

____

____

4) ¿Cuáles son las PALABRAS CLAVE de esta herramienta?____

____

____

____

____

5) ¿Cuál es la DECLARACIÓN DE PROPIEDAD para esta herramienta? ______________________________

____

____

____

____

6) Piense acerca de un momento en su vida, ya sea pasado, presente, o futuro, cuando esta herramienta podría serle útil. ¿Cómo usaría esta herramienta? _____________________

____

____

____

____

____

____

____

____

____

____

____

Declaración de Propiedad
INTERRUPTOR DE LUZ CINCO SEGUNDOS

INTERRUPTOR DE LUZ CINCO SEGUNDOS

Puedo encender mi INTERRUPTOR DE LUZ CINCO SEGUNDOS y cambiar instantáneamente cualquier pensamiento negativo a una acción positiva. No hay pensamiento negativo mas poderoso que mi acción positiva cuando enciendo mi INTERRUPTOR DE LUZ CINCO SEGUNDOS.

Repita la declaración de propiedad de esta semana tan frecuentemente como le sea posible. Antes de levantarse de la cama, antes de sus comidas, durante su tiempo libre y antes de dormirse. Escriba esta declaración para reforzar su interés. Su declaración de propiedad semanal refuerza la herramienta de esta semana.

MI HERRAMIENTA GOGI

INTERRUPTOR DE LUZ CINCO SEGUNDOS

Las semanas para estudiar INTERRUPTOR DE LUZ CINCO SEGUNDOS son:

Tercera Semana de enero

Tercera Semana de abril

Tercera Semana de julio

Tercera Semana de octubre

GOGI - ENERO
D L M M J V S
Primera Semana del Mes
Segunda Semana del Mes
INTERRUPTOR DE LUZ CINCO SEGUNDOS
Cuarta Semana del Mes

GOGI - ABRIL
D L M M J V S
Primera Semana del Mes
Segunda Semana del Mes
INTERRUPTOR DE LUZ CINCO SEGUNDOS
Cuarta Semana del Mes

Palabras Clave INTERRUPTOR DE LUZ CINCO SEGUNDOS

VIEJO PENSAMIENTO = NUEVA ACCIÓN

Tengo un VIEJO PENSAMIENTO y tengo una NUEVA ACCIÓN

GOGI - JULIO
D L M M J V S
Primera Semana del Mes
Segunda Semana del Mes
INTERRUPTOR DE LUZ CINCO SEGUNDOS
Cuarta Semana del Mes

GOGI - OCTUBRE
D L M M J V S
Primera Semana del Mes
Segunda Semana del Mes
INTERRUPTOR DE LUZ CINCO SEGUNDOS
Cuarta Semana del Mes

con afecto Coach Taylor

INTERRUPTOR DE LUZ CINCO SEGUNDOS

Cuando usted tiene preparada una acción positiva como su acción para reémplazar un viejo hábito, tiene mas posibilidades de tener éxito con su cambio de vida. Es por eso que el INTERRUPTOR DE LUZ CINCO SEGUNDOS es una excelente herramienta. Sugiere que usted tenga una acción positiva escogida de antemano, algo a lo que siempre pueda recurrir en tiempos de necesidad.

Algunos hombres y mujeres, en lugar de comenzar a jugar juegos de azar, eligen un buen libro y leen un capítulo. Algunos hombres y mujeres, en lugar de tomar un trago de alcohol, caminan por el patio o hacen 50 flexiones, o doblan su ropa lavada - una vez mas. Algunos hombres y mujeres, escogen decir los nombres de personas importantes en su vida antes de tomar acciones equivocadas.

La clave para INTERRUPTOR DE LUZ CINCO SEGUNDOS es tener una acción claramente definida, lista y esperando. Puede ser beber un vaso de agua. Puede ser escribir una carta. Puede ser recoger basura. Lo que sea que decida que sea su INTERRUPTOR DE LUZ, usted accede a esa acción siempre y cada vez que su mente comienza a naufragar hacia áreas insalubres.

¿Cuál es su INTERRUPTOR DE LUZ? ¿Cuál es esa actividad que puede utilizar cada vez que se siente tentado a cometer los mismos errores del pasado? Piense acerca de esto. Escoja una cosa. Y luego ENCIENDA EL INTERRUPTOR hasta que la nueva acción se convierta con el tiempo en un nuevo hábito que le ayude a tener mas éxito.

♡ Coach

El arte es un obsequio de Harper

OBJETIVO – INTERRUPTOR DE LUZ CINCO SEGUNDOS

Su objetivo esta semana es edificar el nuevo hábito de elegir una nueva acción positiva cada vez que tiene un viejo pensamiento negativo. Puede hacer esto utilizando su INTERRUPTOR DE LUZ CINCO SEGUNDOS, que es la herramienta de esta semana.

Una nota de la Entrenadora Taylor

INTERRUPTOR DE LUZ CINCO SEGUNDOS es la herramienta perfecta para cualquiera que haya dejado que otros tomen sus decisiones o para aquellos que no piensan antes de hacer algo negativo. Con INTERRUPTOR DE LUZ CINCO SEGUNDOS usted está tomando la elección de hacer una ACCIÓN POSITIVA en lugar de caer víctima de tomar malas decisiones. ¿Puede imaginar lo feliz que estará en su interior cuando haya dominado esta herramienta?

AGENDA – INTERRUPTOR DE LUZ CINCO SEGUNDOS

A continuación está la guía para la clase/grupo GOGI de 90 minutos de esta semana:

1. Dar Comienzo a la Reunión (1 minuto)
2. Lectura de las Herramientas GOGI (1 minuto)
3. Control/Repaso de la Semana Anterior un breve resumen (10 minutos)
4. Control del Calendario Nacional GOGI ¿Cuál es la herramienta de esta semana? (1 minuto)
5. Lectura y Actividad Para esta herramienta de este capítulo (30 minutos)
6. Debate de Grupo Encontrado en este capítulo (40-50 minutos)
7. Conclusiones Finales (1 minuto)
8. Su Compromiso GOGI y Cierre de la Reunión (2- 5 minutos)

Interrúmpe cuanto pensamiento negativo y toxico llegue a tu mente y reemplazalo con una acción que sea positiva; has este ejercicio cuantas veces puedas hasta que llegues a desarrollar un nuevo habito, el cual te traerá felicidad y paz.

Fonsan

En GOGI hemos tenido hombres que mantuvieron sus reuniones GOGI cuando sus familias venían a visitarlos, en conversaciones telefónicas con sus hijos que quieren aprender GOGI, y también hemos tenido estudiantes haciendo sus reuniones en correspondencia a sus casas. Hemos tenido estudiantes haciendo reuniones solos o con compañeros de celda. Simplemente haga sus reuniones, de la manera que pueda.

INTRODUCCIÓN A LA HERRAMIENTA – INTERRUPTOR DE LUZ CINCO SEGUNDOS

Aquí tiene un ejemplo. Cuando alguien le dice "simplemente no pienses acerca de fumar un cigarrillo," parece que en lo único que puede pensar es en un cigarrillo. Cuando comienza a entrenar su mente para crear otros pensamientos, es casi imposible pensar que simplemente pueda dejar de pensar en algo que consumió mucho de su pensamiento durante mucho tiempo.

Es por eso que el INTERRUPTOR DE LUZ CINCO SEGUNDOS funciona; se da cuenta que su mente ha sido entrenada a recorrer una ruta determinada, prácticamente en piloto automático. La herramienta GOGI INTERRUPTOR DE LUZ CINCO SEGUNDOS le permite observar ese pensamiento, y reemplazarlo con una nueva acción mas positiva y productiva.

En cualquier momento, antes de hacer algo negativo, usted puede enviar un nuevo mensaje a una parte distinta de su cerebro y hacer algo mas positivo. Es como decidir activar un interruptor de luz alternativo en una habitación, un interruptor mas positivo en su cerebro.

En GOGI a esto le llamamos encender el INTERRUPTOR DE LUZ CINCO SEGUNDOS. Esta herramienta le provee el poder de redirigir la actividad de su cerebro para que pueda estar mas firme en sus elecciones positivas.

Sentenciado a Vida Sin Posibilidad De Salida era suficiente excusa para no mejorar mi manera de pensar y mejorar mi vida. Grácias a GOGI y Interruptor De Luz Cinco Segundos por enseñarme a reaccionar muy diferénte a situaciones negativas y difíciles. La herramienta que más utilizo es ésta y por supuesto es la que mas me gusta.

ABEL

CÓMO UTILIZAR – INTERRUPTOR DE LUZ CINCO SEGUNDOS

Puede utilizar la herramienta INTERRUPTOR DE LUZ CINCO SEGUNDOS cuando le parezca que sus pensamientos están siendo su jefe. El INTERRUPTOR DE LUZ CINCO SEGUNDOS es una poderosa herramienta para utilizar cuando un impulso parece muy, muy fuerte.

La clave para el INTERRUPTOR DE LUZ CINCO SEGUNDOS es tener preparada una acción para utilizar de reemplazo. Si usted tiene su acción de reemplazo preparada, tiene muchas posibilidades de alcanzar un gran éxito con el INTERRUPTOR DE LUZ CINCO SEGUNDOS.

Cuando un pensamiento entra en su mente, en lugar de dejar que tome control:

Advierta - Me doy cuenta de mi pensamiento.

"Ajá. VIEJO PENSAMIENTO."

Nueva Acción - "Y yo tengo una NUEVA ACCIÓN."

Su ACCIÓN POSITIVA es la clave para encender exitosamente su INTERRUPTOR DE LUZ CINCO SEGUNDOS. Si le es posible, incluso puede ir hasta un interruptor de luz en el lugar donde se encuentra, y esto le recordará que usted es el jefe y que puede activar el interruptor dentro de su cerebro en cualquier momento.

El arte es un obsequio de Marinelli

Una nota de la Entrenadora Taylor

No se confunda pensando que ASUMO RESPONSABILIDAD es acerca de sus acciones pasadas. Su pasado es pasado. En GOGI sólo nos enfocamos en quién es usted hoy, cómo actúa y cómo reacciona ante las circunstancias de la vida hoy.

Sólo puede utilizar ASUMO RESPONSABILIDAD como una herramienta si usted comprende que no es acerca de su pasado. Es acerca de la persona que usted es hoy. ¿Quién es usted hoy? ¿Cómo actúa hoy? ¿Cómo reacciona hoy?

ASUMO RESPONSABILIDAD es acerca de hoy, en convertirse en mas que sus malas decisiones del pasado siendo positivo hoy.

GOGI-ismo

La Caja de Herramientas GOGI

Fue un mecánico de automóvil aprendiendo las Herramientas GOGI quien creó el apodo "Caja de Herramientas GOGI." El sentía que podía arreglar cualquier automóvil con las herramientas adecuadas y creía que si hubiera tenido su Caja de Herramientas GOGI cuando era niño, nunca hubiera caído en las drogas.

ACTIVIDAD – INTERRUPTOR DE CINCO SEGUNDOS

Esta actividad puede hacerla solo, de a dos, o en grupo.

1. Problema en mi Mano – Por favor tienda su mano. Imagine una mala elección ubicada en su mano, una mala elección que proviene de un VIEJO PENSAMIENTO.
2. Mis Cinco – Ahora piense en cinco razones por las que está escogiendo una nueva ACCIÓN POSITIVA. Nombre cada razón en voz alta o a si mismo, para que pueda escuchar las cinco razones por las cuales desea tomar una elección mas positiva. Puede contarlas con sus dedos.
3. Aplaste al Problema – Ahora cierre el puño e imagínese aplastando ese VIEJO PENSAMIENTO y mala elección con sus cinco razones para tomar elecciones mas positivas.
4. Mi Positiva - ¿Qué ACCIÓN POSITIVA puede tomar ahora en su lugar?
5. Mi Nueva Acción – Tome o piense acerca de su ACCIÓN POSITIVA.

Ante la presencia de la esperanza, nace la fe.
Ante la presencia de la fe, el amor se convierte en una posibilidad.
Ante la presencia del amor, suceden los milagros.
Aprendí a amarme lo suficiente como para darme una oportunidad con GOGI
y fue el milagro que necesitaba en mi vida

Gracias, GOGI.
Anthony Montoya

Un Cambio para una Mejor Vida

El arte es un obsequio de Jose B.

REPASO – INTERRUPTOR DE LUZ CINCO SEGUNDOS

El INTERRUPTOR DE LUZ CINCO SEGUNDOS es considerada la mejor de las herramientas por los estudiantes que reconocen que son impulsivos, los que dicen que a veces las cosas suceden aun antes de darse cuenta que tienen el pensamiento.

Las personas que tienen mentes rápidas y acciones aun mas rápidas, disfrutan del hecho de que GOGI no los martilla con la idea de que simplemente detener un pensamiento va a funcionar. Por lo general, no funciona para las personas con una mente rápida y un viejo hábito.

Puede pensar en sus pensamientos como una serie de luces en el techo. Usted puede elegir cuales encender y cuales ignorar. Recuerde, nadie mas que usted es el jefe de su cerebro. INTERRUPTOR DE LUZ CINCO SEGUNDOS puede ayudarle a construir nuevos caminos neurológicos, del mismo modo que un electricista instala un nuevo cable en un interruptor de luz.

GOGI-ismo

El Compromiso GOGI

Fue una Chica GOGI la que propuso que GOGI debía tener su propio compromiso, una manera de unir al mundo entero en hacer elecciones mas positivas. El Compromiso GOGI fue escrito por Mimi, una de las primeras Chicas GOGI y desde aquel día ha sido repetido millones de veces por estudiantes GOGI.

PREGUNTAS GRUPALES – INTERRUPTOR DE LUZ CINCO SEGUNDOS

1. ¿Hubo un momento hoy cuando se dio cuenta que necesitaba utilizar su herramienta GOGI INTERRUPTOR DE LUZ CINCO SEGUNDOS? Por favor explique.
2. ¿Hubo un momento hoy en que sus pensamientos fueron automáticos y tuvo problemas para controlar sus pensamientos y acciones? Por favor explique.
3. ¿Cuándo piensa que sea mas probable que necesite encender el INTERRUPTOR DE LUZ CINCO SEGUNDOS?
4. ¿Por qué piensa que algunas personas actúan antes de pensar?
5. ¿Qué puede hacer para utilizar mas frecuentemente el INTERRUPTOR DE LUZ CINCO SEGUNDOS cada día?

Si su grupo no puede reunirse, piense acerca de escribir las respuestas a estas preguntas aunque esté solo. Nada debería detenerlo de aprender las herramientas GOGI.

Entrenadora CARRANZA

EL INTERRUPTOR DE LUZ DE CINCO SEGUNDOS

Son las 5:30 de la mañana, el cielo está un poco nublado, todavía no se oyen los pájaros cantando, tampoco los aviones. Todo está calmado y en silencio. Esta experiencia me indica de como Dios está en control. El saber que tengo una de las mejores familias del mundo, me da tanta felicidad y regocijo. Tengo trabajos en los que estoy muy contenta. Que no puedo hacer nada mas que darle las gracias a Jehová Dios constantemente. Qué lindo es el mundo. Todas estas cosas toman parte de mi CONTROL DE CINCO SEGUNDOS.

Mucha gente me pregunta, acerca de las herramientas GOGI, pero muchas veces no les puedo explicar de la manera que yo los siento. Las uso constantemente que han llegado a ser parte de mi vida rutinaria. El CONTROL DE LUZ DE CINCO SEGUNDOS me ayuda a razonar, a tomar el tiempo necesario para pensar cuál sería la mejor decisión.

CONTROL DE LUZ DE CINCO SEGUNDOS es otra herramienta que me recuerda a mi madre y que siempre la tengo en mente, "Mari, no hables pensar, piensa para hablar". Que palabras tan sabias. Eso me indica que desde pequeña yo tenía la costumbre de decir cualquier cosa sin pensar en lo que saldría de mi boca. Siempre fui contestona, respondona, por eso mi madre me tiraba su zapato, claro no siempre me alcanzaba. Por muchos años yo era mal hablada, decía muchas malas palabras e insultos, en Ingles y en Español. Desde Junio de 2007 yo he dejado de decir esas malas palabras e insultar, pero no crean que es siempre muy fácil. Tengo amistades y familiares que lo hacen, y a veces llego al punto mas mínimo para hablar o contestar de la misma manera. Esta es una batalla constante. CONTROL DE LUZ DE CINCO SEGUNDOS me ayuda a mantener el control de mis pensamientos, acciones y reacciones.

CONTROL DE LUZ DE CINCO SEGUNDOS es una herramienta muy poderosa. Nos ayuda a tener ese control que por mucho tiempo hemos carecidos. Esta herramienta puede ser comúnmente usada hacia otra persona, la cual pensamos que nos está sacando de nuestras casillas o pensamos que nos están irritando.

Hoy día yo estoy en control con la herramienta GOGI, CONTROL DE LUZ DE CINCO SEGUNDOS.

GOGI POR VIDA

Coach Carranza

Coach Carranza

GUÍA DE ESTUDIO SEMANAL

(Coordinador, por favor, siempre que sea posible haga una copia de esta guía para distribuir al comienzo de su reunión. Con esta guía, los estudiantes pueden asegurarse de que están aprendiendo los conceptos importantes de la herramienta de esta semana)

Fecha de hoy ______________________________

Mi nombre ______________________________

Por favor conteste todas las preguntas. Por favor siéntase en libertad de buscar las respuestas en su libro, debatir con sus compañeros, o preguntar a su coordinador.

1) ¿A qué SECCIÓN DE HERRAMIENTAS corresponde la herramienta de esta semana?

____

____

____

2) ¿Cuáles MESES DEL AÑO están dedicados al estudio de esta herramienta? ______________________________

____

____

____

____

3) ¿Cuáles SEMANAS DEL AÑO están dedicadas al estudio de esta herramienta?______________________________

____

____

____

____

4) ¿Cuáles son las PALABRAS CLAVE de esta herramienta?____

5) ¿Cuál es la DECLARACIÓN DE PROPIEDAD para esta herramienta? ____

6) Piense acerca de un momento en su vida, ya sea pasado, presente, o futuro, cuando esta herramienta podría serle útil. ¿Cómo usaría esta herramienta? ____

El arte es un obsequio de Benny G.

2

SECCIÓN DOS

Enséñame Cómo Hacer GOGI

HERRAMIENTAS DE ELECCIÓN

PENSAMIENTOS POSITIVOS
PALABRAS POSITIVAS
ACCIONES POSITIVAS

DECLARACIÓN DE PROPIEDAD
PENSAMIENTOS POSITIVOS

PENSAMIENTOS POSITIVOS

Mis PENSAMIENTOS POSITIVOS definen la dirección de mi vida desde este momento en adelante. Me enfoco en PENSAMIENTOS POSITIVOS, aun cuando es difícil y representa un desafío. Sin importar lo que esté sucediendo, puedo crear PENSAMIENTOS POSITIVOS.

Repita la declaración de propiedad de esta semana tan frecuentemente como le sea posible. Antes de levantarse de la cama, antes de sus comidas, durante su tiempo libre y antes de dormirse. Escriba esta declaración para reforzar su interés. Su declaración de propiedad semanal refuerza la herramienta de esta semana.

MI HERRAMIENTA GOGI
PENSAMIENTOS POSITIVOS

Las semanas para estudiar PENSAMIENTOS POSITIVOS son:

Cuarta Semana de enero

Cuarta Semana de abril

Cuarta Semana de julio

Cuarta Semana de octubre

GOGI - ENERO						
D	L	M	M	J	V	S
Primera Semana del Mes						
Segunda Semana del Mes						
Tercera Semana del Mes						
PENSAMIENTOS POSITIVOS						

GOGI - ABRIL						
D	L	M	M	J	V	S
Primera Semana del Mes						
Segunda Semana del Mes						
Tercera Semana del Mes						
PENSAMIENTOS POSITIVOS						

GOGI - JULIO						
D	L	M	M	J	V	S
Primera Semana del Mes						
Segunda Semana del Mes						
Tercera Semana del Mes						
PENSAMIENTOS POSITIVOS						

GOGI - OCTUBRE						
D	L	M	M	J	V	S
Primera Semana del Mes						
Segunda Semana del Mes						
Tercera Semana del Mes						
PENSAMIENTOS POSITIVOS						

PALABRAS CLAVE PENSAMIENTOS POSITIVOS

LAS TRES P

¿Es PODEROSO?

¿Es PRODUCTIVO?

¿Es POSITIVO?

con afecto *Coach Taylor*

PENSAMIENTOS POSITIVOS

La mayoría de los hombres y mujeres están afligidos con pensamientos negativos, especialmente si están en prisión y lejos de su familia y amigos. Estos pensamientos negativos a veces son aceptados como "castigo" por ser malos. Pero en realidad, los pensamientos negativos se están simplemente interponiendo para que usted sea servicial, útil y de ayuda a los demás. Cuando usted está negativo, consume a los demás. Cuando usted está negativo, está castigando a todos los demás. Cuando usted está negativo no está solo en su sufrimiento, en realidad, con su conducta está creando mas víctimas.

Sus pensamientos negativos interceptan su camino para que usted sea una contribución positiva hacia los demás. Ahora, usted se puede preguntar, "cómo puedo ser positivo hacia otros cuando hice tantas cosas malas?" Le aseguro esto, que hasta que usted no sea mas positivo, permanecerá siendo un detrimento para la sociedad. Es sólo cuando usted se compromete a ayudar a otros y a ser positivo que puede redimirse del pasado negativo que ha creado. ¿Desea continuar culpando a todos a su alrededor? Eso no es justo hacia los demás, permitir que sufran porque usted está atascado en su pasado negativo.

Usted PUEDE contribuir positivamente. Usted PUEDE ayudar a otros. Usted PUEDE mejorar la vida de otros, pero para lograrlo, usted debe cambiar sus pensamientos. En lugar de pensar en lo malo que ha sido o en cuan mal están las cosas, sus pensamientos deben ayudar a que las cosas sean mejor.

PENSAMIENTOS POSITIVOS entrena a su cerebro a buscar maneras de hacer mejor las cosas. Si usted no es parte de la solución, entonces usted es parte del problema. Al forzar a su cerebro a adquirir el hábito de solo crear PENSAMIENTOS POSITIVOS usted está tomando una posición de terminar con el dolor que le causa a los demás. Usted se convierte en parte de la solución.

El arte es un obsequio de Harper

se sienten tentados a ser negativos, sacan su lista. Si sólo logran hacer y pensar en esas cosas de la lista, evitan caer nuevamente en la trampa de la negatividad. ¿Qué tipo de recordatorio puede crear para depender de usted mismo para ser parte de la solución?

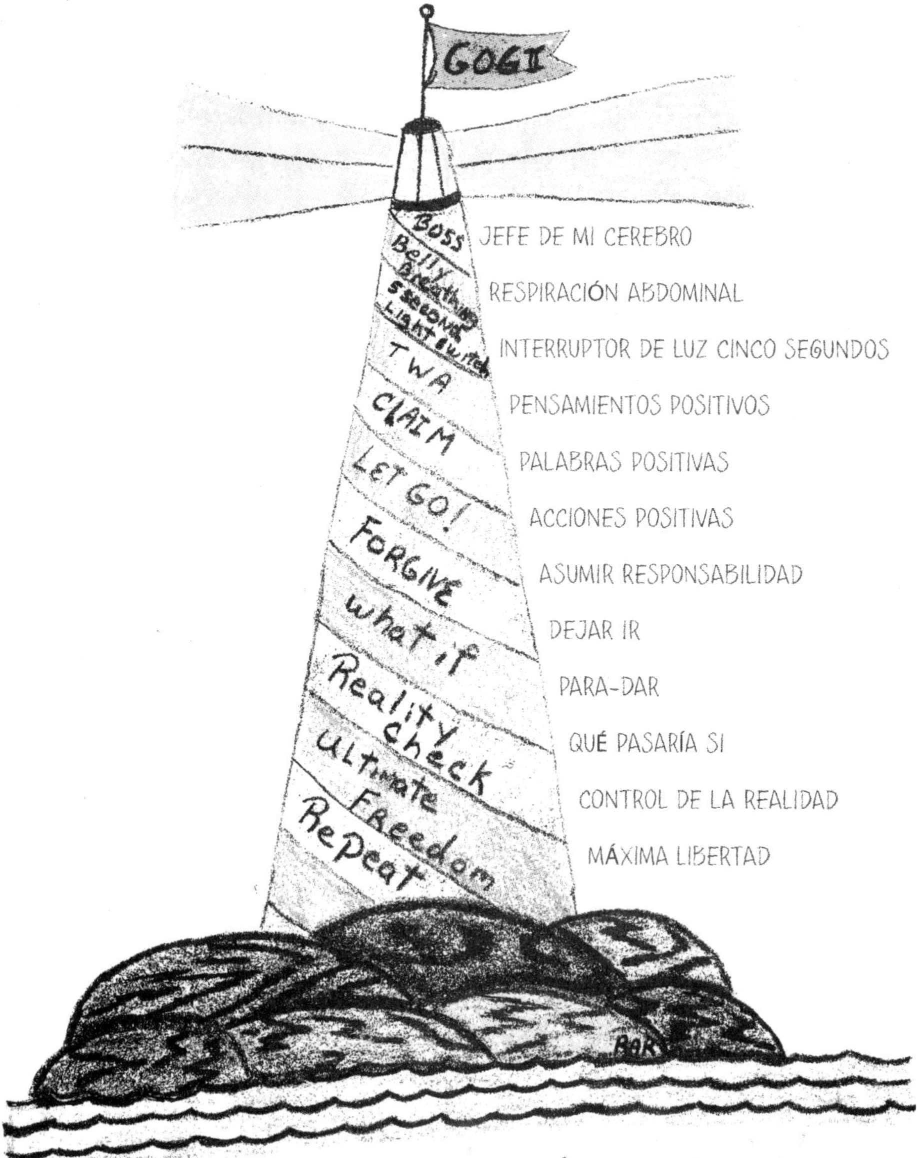

¡La Luz que ilumina nuestro camino en las tormentas de la vida!

OBJETIVO – PENSAMIENTOS POSITIVOS

Su objetivo con la herramienta de esta semana es practicar ser el jefe de sus pensamientos y elegir pensamientos que sean PODEROSOS, PRODUCTIVOS y POSITIVOS. Practicará esto con la herramienta PENSAMIENTOS POSITIVOS.

MI NOMBRE ES JUAN FAJARDO Y AHORA
RECONOSCO QUE LOS PENSAMIENTOS NO SON
MAS QUE EL PODER QUE YO LES OTORGE Y
APLICANDO ESTA HERRAMIENTA ESTOY CONVENCIDO
QUE PUEDO CONTINUAR TENIENDO UNA VIDA
FELIZ. ¡VIVA SOSI!

GOGI-ismo

HERRAMIENTAS DE ELECCIÓN

Los estudiantes GOGI sugirieron que PENSAMIENTOS POSITIVOS, PALABRAS POSITIVAS y ACCIONES POSITIVAS sean agrupadas en una sección de herramientas llamada HERRAMIENTAS DE ELECCIÓN. Las “Positivas”, como se les llama normalmente, están todas relacionadas a su elección en cómo responde a los desafíos inevitables de la vida.

AGENDA – PENSAMIENTOS POSITIVOS

A continuación está la guía para la clase/grupo GOGI de 90 minutos de esta semana:

1. Dar Comienzo a la Reunión (1 minuto)
2. Lectura de las Herramientas GOGI (1 minuto)
3. Control/Repaso de la Semana Anterior un breve resumen (10 minutos)
4. Control del Calendario Nacional GOGI ¿Cuál es la herramienta de esta semana? (1 minuto)
5. Lectura y Actividad Para esta herramienta de este capítulo (30 minutos)
6. Debate de Grupo Encontrado en este capítulo (40-50 minutos)
7. Conclusiones Finales (1 minuto)
8. Su Compromiso GOGI y Cierre de la Reunión (2- 5 minutos)

Recuerde, si necesita hacerlo, haga una reunión GOGI solo. Sepa que aunque esté solo, con GOGI nunca está realmente solo. Hay miles de personas, ahora mismo, que están leyendo el mismo libro y viendo las mismas páginas que usted está viendo. Con GOGI usted no está solo.

INTRODUCCIÓN A LA HERRAMIENTA– PENSAMIENTOS POSITIVOS

Usted es el jefe de su cerebro y puede generar cualquier pensamiento que deseé. Cuando obliga a su cerebro a crear PENSAMIENTOS POSITIVOS, en realidad está utilizando la herramienta PENSAMIENTOS POSITIVOS.

Su cerebro seguirá sus órdenes y si usted utiliza la herramienta PENSAMIENTOS POSITIVOS una y otra vez, con el tiempo su cerebro comenzará a generar PENSAMIENTOS POSITIVOS por sí mismo.

CÓMO UTILIZAR – PENSAMIENTOS POSITIVOS

Usted puede utilizar PENSAMIENTOS POSITIVOS considerando sus pensamientos y preguntándose "¿Este pensamiento es PODEROSO? ¿Es PRODUCTIVO? ¿Es POSITIVO?"

Cuando se haga estas tres preguntas, tendrá mas control de sus pensamientos.

LAS TRES P

¿Es PODEROSO?

¿Es PRODUCTIVO?

¿Es POSITIVO?

Si la respuesta es no, entonces escoja un PENSAMIENTO mas POSITIVO.

Una nota de la Entrenadora Taylor

¿Puede imaginar cuán diferente sería su vida ahora mismo si todo lo que usted pensara, dijera y haga fuera considerado con las 3 P? Si cada vez que pensara acerca de algo considerara las 3 P, ¿no serían sus pensamientos beneficiosos? Si cada vez que dijera algo considerara las 3 P, ¿no serían sus palabras beneficiosas para todos los demás? Si antes de cada acción usted considerara las 3 P, ¿no se sentiría orgulloso de cada acción? Así es como se utilizan las 3 P. Cada día. De todas las maneras.

Sólo por divertirse, puede hacer una lista de 100 palabras positivas. Es maravilloso cuántas palabras positivas existen que permanecen sin uso e ignoradas. Pero están allí, PALABRAS POSITIVAS, simplemente esperando que usted las use. Cuando usted domine la herramienta PALABRAS POSITIVAS estará bendiciendo las vidas de todas las personas con los que entra en contacto. PALABRAS POSITIVAS es su manera de ayudar a otros para que tengan un mejor día.

Donado a GOGI por Entrenador G. Kimbrough.

Una nota de la Entrenadora Taylor

Por favor, sepa que ser positivo en sus pensamientos es un hábito. No viene natural ni fácilmente para algunas personas. Es un hábito que usted debe crear y edificar. Si usted tiene modos simples de recordarse que está construyendo un nuevo hábito, entonces tendrá mas éxito cuando se enfrente con una decisión negativa o positiva. Simplemente dígase a usted mismo, “Estoy creando un nuevo hábito. Esto lleva tiempo, pero ahora no tengo otra opción mas que crear PENSAMIENTOS POSITIVOS.” Esto funcionará para darle el poder que necesita para continuar con su proyecto de construir una vida mejor.

ACTIVIDAD – PENSAMIENTOS POSITIVOS

Piense acerca de su día hoy.

Luego considere las TRES P.

- ¿Es PODEROSO?
- ¿Es PRODUCTIVO?
- ¿Es POSITIVO?

En grupos pequeños, tome 5 minutos para compartir pensamientos PODEROSOS, PRODUCTIVOS y POSITIVOS con los miembros de su grupo.

Recuerde, solo se deben compartir pensamientos PODEROSOS, PRODUCTIVOS y POSITIVOS. ¿Parece simple? No es tan sencillo como parece y puede parecer extraño tratar de encontrar algo positivo en una situación negativa, pero los PENSAMIENTOS POSITIVOS son su clave para el cambio.

Aquí le presentamos otra actividad: que una persona cuente una situación que podría ser considerada negativa. Cada miembro del grupo dice un pensamiento positivo acerca de esa situación.

Un estudiante GOGI y líder de pares, Frank, no habla español. Pero quería crear algo poderoso para los estudiantes de su grupo GOGI que hablaban español, así que creó esta pieza de arte para compartir. Esto es lo que hace la gente GOGI, ayudan a otros, incluso a aquellos que hablan un idioma diferente, que lucen diferente y que tienen creencias o actúan diferente. La gente GOGI se preocupa por TODA la gente, y compartimos con todos.

Art by Jiminez *El arte es un obsequio de Jimenez*

REPASO – PENSAMIENTOS POSITIVOS

Los PENSAMIENTOS POSITIVOS son suyos para ser creados y pueden convertirse en un hábito natural si los practica lo suficiente. Hasta que se conviertan en un hábito, simplemente analice sus pensamientos. Pregúntese las TRES P:

¿Es PODEROSO?

¿Es PRODUCTIVO?

¿Es POSITIVO?

Si no cumple con las TRES P, entonces escoja otro pensamiento.

GOGI-ismo

EL FORMATO OFICIAL DE REUNIONES GOGI

Buscando una manera mas en general de unir a todos los que estudian GOGI, el primer grupo de Chicas GOGI creó el "Formato Oficial de Reuniones GOGI," el cual sugirieron sea utilizado siempre que 2 o mas personas se junten para estudiar sus Herramientas GOGI.

PREGUNTAS GRUPALES – PENSAMIENTOS POSITIVOS

1. ¿Hubo un momento hoy en que utilizó PENSAMIENTOS POSITIVOS mas de lo normal? Por favor explique.
2. ¿Hubo un momento hoy en que se pudo haber preguntado si sus pensamientos eran PODEROSOS, PRODUCTIVOS y POSITIVOS? Por favor explique.
3. ¿Cuándo piensa que sea mas probable que necesite utilizar PENSAMIENTOS POSITIVOS?
4. ¿Por qué piensa que a algunas personas le parece difícil PENSAMIENTOS POSITIVOS?
5. ¿Qué puede hacer para utilizar PENSAMIENTOS POSITIVOS mas frecuentemente cada día?

Cuando usted vea cómo se conducen los Grupos GOGI, recuerde que el formato de esta reunión fue creado por prisioneros para otros prisioneros. Ellos piensan que este formato de reuniones es el mas universal y puede ayudar a la mayor cantidad de personas. La gente GOGI se preocupa por otros y dan desde su corazón. El formato de las reuniones es un regalo de los prisioneros para otros prisioneros que están buscando la libertad interior.

Entrenadora CARRANZA

La vida de día tras día , como la conocemos, no siempre es un camino de rosas. Dios fue el ser que nos creó y nos puso en esta tierra. Pero nosotros tenemos el poder de elegir la clase de vida que deseamos vivir. Nuestros PENSAMIENTOS POSITIVOS es de la manera que comenzamos. Los pensamientos son los que creamos y después los hacemos realidad. Yo creo que tenemos el poder de controlar nuestros pensamientos. Así como dice la biblia, que hasta con el pensamiento hemos cometido inmoralidades.

Al pensar en esto me ayuda a tener PENSAMIENTOS POSITIVOS, porque cada vez que comienzo a tener un pensamiento negativo me acuerdo de esa frase y en ese instante yo detengo ese pensamiento. Yo sé y entiendo que en muchas de las situaciones que nos encontremos pueden ser muy difícil de tener esos pensamientos positivos, la clave está en no darse por vencido. Cuando nos damos por vencidos somos mas vulnerables. Y eso puede ser peligroso. PENSAMIENTOS POSITIVOS nos ayuda a sacarnos de situaciones. PENSAMIENTOS POSITIVOS llegan a convertirse en PALABRAS POSITIVAS y después estas se convierten en ACCIONES POSITIVAS. PENSAMIENTOS POSITIVOS no siempre se refiere en cosas o situaciones, si no que también a personas. En el caso cuando nos hemos enfrentado a personas que nos han hecho daño de alguna manera o otra, nuestra primera reacción seria de insultarlos y maltratarlos. PENSAMIENTOS POSITIVOS nos ayuda a tener una perspectiva diferente, positiva y control. Así como también deseamos que los demás las tengan hacia nosotros.

Ahora dejemos a los demás. Es mucho mas importante que tengamos PENSAMIENTOS POSITIVOS hacia nosotros mismos, así podremos llevar una vida mas positiva y mas felices de cómo éramos antes. Yo la uso para mí misma diariamente. Me ayuda a tener mas confidencia a mí misma.

Hoy día vivo una vida mas positiva y comienzo conmigo misma.

GOGI POR VIDA

Coach Carranza

El arte es un obsequio de GOGI chica Suha

GUÍA DE ESTUDIO SEMANAL

(Coordinador, por favor, siempre que sea posible haga una copia de esta guía para distribuir al comienzo de su reunión. Con esta guía, los estudiantes pueden asegurarse de que están aprendiendo los conceptos importantes de la herramienta de esta semana)

Fecha de hoy ______________________________

Mi nombre ______________________________

Por favor conteste todas las preguntas. Por favor siéntase en libertad de buscar las respuestas en su libro, debatir con sus compañeros, o preguntar a su coordinador.

1) ¿A qué SECCIÓN DE HERRAMIENTAS corresponde la herramienta de esta semana?

____

____

____

2) ¿Cuáles MESES DEL AÑO están dedicados al estudio de esta herramienta? ______________________________

____

____

____

____

3) ¿Cuáles SEMANAS DEL AÑO están dedicadas al estudio de esta herramienta?______________________________

____

____

____

____

4) ¿Cuáles son las PALABRAS CLAVE de esta herramienta?____

____

____

____

____

5) ¿Cuál es la DECLARACIÓN DE PROPIEDAD para esta herramienta? ______________________________

____

____

____

____

6) Piense acerca de un momento en su vida, ya sea pasado, presente, o futuro, cuando esta herramienta podría serle útil. ¿Cómo usaría esta herramienta? ____________________

____

____

____

____

____

____

____

____

____

____

____

PALABRAS POSITIVAS

Mis PALABRAS POSITIVAS le dicen al mundo lo que estoy pensando y quien soy hoy. Utilizo PALABRAS POSITIVAS para liberarme de mi pasado y avanzar hacia un futuro positivo.

Repita la declaración de propiedad de esta semana tan frecuentemente como le sea posible. Antes de levantarse de la cama, antes de sus comidas, durante su tiempo libre y antes de dormirse. Escriba esta declaración para reforzar su interés. Su declaración de propiedad semanal refuerza la herramienta de esta semana.

MI HERRAMIENTA GOGI

PALABRAS POSITIVAS

Las semanas para estudiar PALABRAS POSITIVAS son

Primera Semana de febrero

Primera Semana de mayo

Primera Semana de agosto

Primera Semana de noviembre

PALABRAS CLAVE
PALABRAS POSITIVAS

LAS TRES P
¿Es PODEROSO?
¿Es PRODUCTIVO?
¿Es POSITIVO?

con afecto

Coach Taylor

PALABRAS POSITIVAS

Muchas veces, los hombres y mujeres en prisión no sienten que merecen pronunciar palabras positivas, cuando han causado o han experimentado tanta negatividad. Muchas personas piensan que las PALABRAS POSITIVAS son para aquellos que van a la iglesia, o que viven bajo diferentes estándares, o que sólo son para personas que no han matado, o dañado, o engañado o mentido, o terminado en prisión.

Esta creencia es comprensible. Mucha gente no piensa que una persona que es "mala" sea capaz de decir cualquier cosa positiva y tener alguna credibilidad. La gente puede pensar que esa persona es hipócrita o mentirosa, o indigna de decir cualquier cosa positiva.

La Herramienta GOGI llamada PALABRAS POSITIVAS es perfecta para la persona que alguna vez causó daño a otros o a si misma. Es porque la herramienta permite que la persona que una vez fue dañina, comience lenta y deliberadamente el proceso de elegir, adquiriendo la habilidad de ser un tipo de ser humano diferente sobre esta tierra.

GOGI cree que cualquier persona puede elegir ser mas positivo y servicial, pero la clave está en nuestras elecciones hoy. PALABRAS POSITIVAS nos permite dejar de maldecir, dejar de despreciar a los demás, dejar de difamar. PALABRAS POSITIVAS nos permite enfocarnos en dónde podemos hacer cosas mas fuertes y mejores a nuestro alrededor, incluyéndonos a nosotros mismos, a través de la elección de palabras que hacemos.

Es triste darnos cuenta de que el 95 por ciento de las palabras que usted elige hoy, son las mismas que utilizó ayer. ¿Qué podría suceder, qué milagro ocurriría si el 50 por ciento de las palabras que escoja hoy fueran nuevas y diferentes? ¿Qué sucedería si el 100 por ciento de las palabras que escoge fueran PALABRAS POSITIVAS?

Pruebe esto. Con todas las palabras negativas que ha elegido en el pasado, ¿qué pasaría si hoy comienza a crear el hábito de seleccionar solo PALABRAS POSITIVAS? ¿Qué pasaría si hace una lista con 20 PALABRAS POSITIVAS y se propone utilizarlas cada día?

¿Sabe que es probable que el 95% de las palabras que utiliza hoy son las que utilizó ayer? ¿Cómo espera cambiar o para mejor cuando las palabras que salen de su boca son las mismas palabras que lo llevaron a la situación en la que se encuentra? Si desea ser diferente, un ser humano mas positivo, deberá hacer un esfuerzo consciente de ELEGIR mas PALABRAS POSITIVAS.

Sus palabras son su elección. Tiene control completo de qué palabras elige.¿Está de acuerdo con que si elige mas PALABRAS POSITIVAS puede ayudar a otros a su alrededor a ser mas positivos? ¿Qué podría suceder si todos los hombres y mujeres en prisión tomaran el compromiso de utilizar sólo PALABRAS POSITIVAS? ¿No piensa que resultarían cosas positivas de algo así?

Usted puede ser parte de la solución escogiendo PALABRAS POSITIVAS, incluso en las situaciones mas negativas. Usted puede ayudar. Puede hacer del mundo un lugar mejor simplemente aumentando la cantidad de PALABRAS POSITIVAS pronunciadas cada día.

Qué sucede si me ayudó a detenerme y considerar cuáles serían los resultados de mis acciones. Qué sucede si, es una herramienta que te permite separar los resultados negativos y positivos de una situación antes de que ocurra y te deja saber o te permite darte cuenta lo que puede suceder. Esta herramienta te ayuda a vencer la ola de emociones que bloquea tu habilidad de tomar decisiones positivas.

Joshua M

El arte es un obsequio de Harper

OBJETIVO – PALABRAS POSITIVAS

Su objetivo esta semana es practicar ser el jefe de las palabras que escoge. Elegirá palabras que sean PODEROSAS, PRODUCTIVAS y POSITIVAS cuando aprenda la herramienta PALABRAS POSITIVAS.

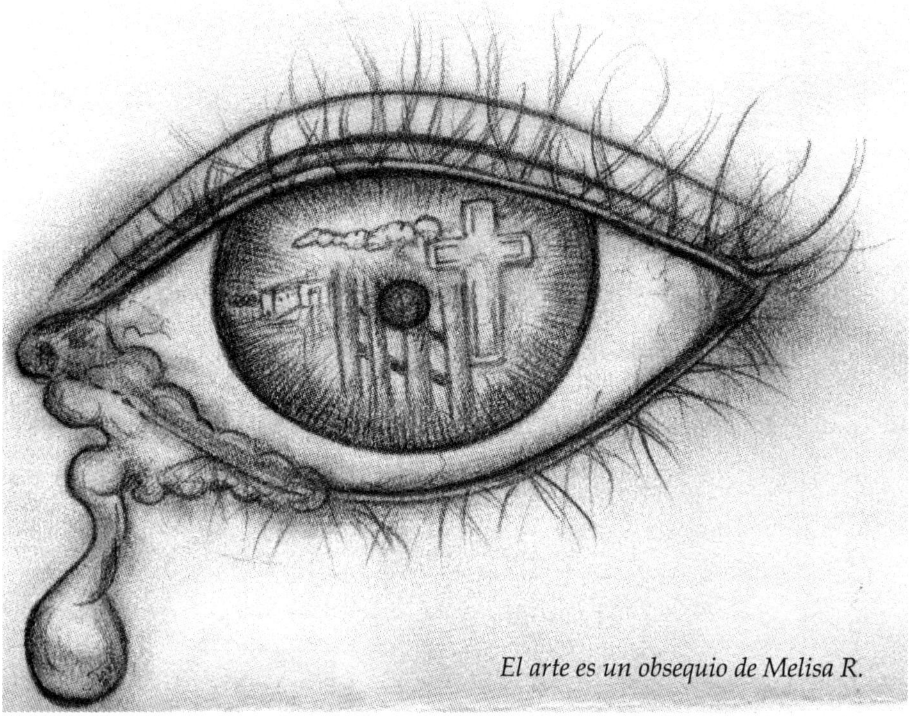

El arte es un obsequio de Melisa R.

GOGI-ismo

Universidad GOGI

Fue un hombre en prisión en una pequeña celda solitaria que declaró que había fundado su propia UNIVERSIDAD GOGI. En cada pulgada de su pequeño espacio ponía páginas GOGI, folletos GOGI, dibujos GOGI.

En una celda de la prisión, sala de estar, comedor, gimnasio, o aun dentro de su propia mente puede crear su propia Universidad GOGI. Lo único que requiere es andar todo el día con sus herramientas GOGI al frente de toda experiencia. Cada día puede estar inscrito en la Universidad GOGI.

AGENDA - PALABRAS POSITIVAS

A continuación está la guía para la clase/grupo GOGI de 90 minutos de esta semana:

1. Dar Comienzo a la Reunión (1 minuto)
2. Lectura de las Herramientas GOGI (1 minuto)
3. Control/Repaso de la Semana Anterior un breve resumen (10 minutos)
4. Control del Calendario Nacional GOGI ¿Cuál es la herramienta de esta semana? (1 minuto)
5. Lectura y Actividad Para esta herramienta de este capítulo (30 minutos)
6. Debate de Grupo Encontrado en este capítulo (40-50 minutos)
7. Conclusiones Finales (1 minuto)
8. Su Compromiso GOGI y Cierre de la Reunión (2- 5 minutos)

Escuchando palabras positivas de otros yo he llegado a entablar muy buenas amistades. Y las palabras positivas son como un iman que atrae lo positivo a mi vida.

Arturo Garcia

Una nota de la Entrenadora Taylor

Si cada palabra que pronunciara alentara a alguien, inspirara a alguien, confortara a alguien, es ENTONCES que sentirá el poder de las PALABRAS POSITIVAS. Sus palabras son poderosas. No las desperdicie agregándole a la negatividad que lo rodea. Sea parte de la solución, no un agregado al problema.

INTRODUCIÓN A LA HERRAMIENTA – PALABRAS POSITIVAS

¿Sabía que las palabras que utiliza le dicen mucho al mundo acerca de usted? Sus palabras le dicen a los demás qué está pensando, cómo piensa y si usted es por lo general una persona positiva o negativa.

Las PALABRAS POSITIVAS tienen una poderosa manera de atraer ACCIONES POSITIVAS, por lo tanto, adquirir el hábito de escoger mas PALABRAS POSITIVAS lo pone en control de cómo el mundo lo ve y cómo se ve usted a usted mismo, lo que aumenta automáticamente sus ACCIONES POSITIVAS.

Las palabras negativas generalmente incluyen la palabra "no". Las palabras como "no puedo" y "no podré" o "no podía" y "no es" son palabras negativas. Hay muchas otras palabras con "no" y son palabras negativas. En lugar de elegir palabras con un "no" puede elegir palabras que sean PODEROSAS, PRODUCTIVAS y POSITIVAS.

Cuando usted entrena a su cerebro a buscar y a apoyar PALABRAS POSITIVAS, notará que mas cosas positivas comienzan a suceder en su vida. ¿Es una coincidencia? No. Lo similar se atrae. Si usted es negativo, atraerá mas negativo. Si usted es positivo, de alguna manera, mágicamente, buenas cosas comenzarán a aparecer en su camino. No subestime el poder de las PALABRAS POSITIVAS.

Una nota de la Entrenadora Taylor

¿Piensa que su vida sería diferente si le hubieran enseñado esta herramienta cuando era niño? No es demásiado tarde, ni siquiera para alguien que tenga 100 años de edad, para crear un mejor presente con la elección de sus palabras. El resultado positivo de PALABRAS POSITIVAS es inmediato y perdurable. Escoja sus palabras con sabiduría y utilice PALABRAS POSITIVAS con frecuencia, compartiéndolas con cualquiera y con todos.

CÓMO UTILIZAR – PALABRAS POSITIVAS

Puede utilizar PALABRAS POSITIVAS preguntándose las TRES P. ¿Son PODEROSAS sus palabras? ¿Son PRODUCTIVAS? ¿Son POSITIVAS? Puede ver si otros están utilizando PALABRAS POSITIVAS preguntándose si sus palabras son PODEROSAS, PRODUCTIVAS y POSITIVAS.

Antes de escoger sus palabras, revíselas con las TRES P. ¿Son palabras PODEROSAS? ¿PRODUCTIVAS? ¿POSITIVAS?

Cuando les explico acerca de GOGI a mis amigos o compañeros, siempre recibo una mirada fria, pero cuando me preguntan por qué siempre estoy sonriente o humilde, les explico las 12 herramientas de GOGI y cómo me han ayudado a lidiar con ciertas situaciones de mi vida, le dedico mi tiempo a GOGI, les explico a todos, que todos necesitamos a alguien que nos aliente a tomar mejores decisiones en nuestra vida.

Entrenador Donivan

ACTIVIDAD – PALABRAS POSITIVAS

En grupos pequeños, en pares, o solo, esta actividad puede ayudarle a identificar sus PALABRAS POSITIVAS mas fáciles y comunes.

1. Haga que cada miembro del grupo escoja cinco de sus PALABRAS POSITIVAS favoritas.
2. Haga que utilicen estas palabras para describir algo acerca de hoy.
3. Haga que utilicen estas palabras para describir el día de mañana.
4. Haga que utilicen estas palabras para describir el pasado.
5. En grupo, conversen acerca de cómo estas palabras pueden ayudarlo a ser positivo cada día.

El arte es un obsequio de Jackie S.

Si usted no tiene un grupo para hacer estas actividad con ellos, puede hacer esta actividad solo. Le puede escribir a un amigo o familiar acerca de esta actividad. Puede compartir esta actividad con alguien de su pabellón.

¿Puede imaginar cómo sería si los niños en las escuelas hicieran esta actividad? Ese es el objetivo de GOGI, que vivir del Modo GOGI sea enseñado a los niños de edad escolar para que puedan tomar mas decisiones positivas. ¿Piensa que esto es posible?

A continuación hay una opción para otra actividad:

1. Haga que un miembro del grupo se pare en medio del círculo.
2. De a uno, los miembros del grupo dicen algo positivo acerca de esa persona.
3. Pídale a alguno que escriba lo que se dice y se lo entregue a la persona cuando todos hayan finalizado.
4. En grupo, conversen acerca de lo que piensa y cómo se siente diciendo y escuchando cosas positivas acerca de una persona.

GOGI-ismo

La FAMILIA GOGI

GOGI recibe cientos de cartas de hombres y mujeres en prisiones y cárceles, que muy frecuentemente dicen que sienten como si GOGI es una familia de todo tipo de personas que quieren tomar decisiones mas positivas en sus vidas. Sí. Es así. GOGI es una gran familia que toma decisiones positivas.

REPASO – PALABRAS POSITIVAS

PALABRAS POSITIVAS es su herramienta para dirigir conversaciones y situaciones para que sean positivas y apoyen su éxito.

Guiar su vocabulario a lo positivo, es como conducir su auto directamente hacia su destino programado.

Las PALABRAS POSITIVAS esfumarán una discusión, abrirán nuevas oportunidades, aplastarán un reclamo y le traerán paz adicional. Simplemente pregúntese si estas palabras son PODEROSAS, PRODUCTIVAS y POSITIVAS. Las TRES P no lo van a defraudar.

Y aun cuando deba enfrentar situaciones negativas, las PALABRAS POSITIVAS le dan un inusual control sobre los resultados. Ya no necesita ser la víctima de las circunstancias. Puede crear los resultados que desea con sus PALABRAS POSITIVAS.

Una nota de la Entrenadora Taylor

No importa dónde despierte cada mañana, usted tiene el poder y el derecho de crear PALABRAS POSITIVAS. Aunque a veces parezca imposible, usted es capaz y tiene la habilidad de que las palabras que escoja sean palabras que ayudan, no que limitan su libertad interior. Elija con sabiduría

GOGI-ismo

GOGI EN MOVIMIENTO

Un estudiante GOGI dijo que le ayudaba escribir las herramientas y tener el papel en su bolsillo. De este modo, dijo, podía utilizar GOGI EN MOVIMIENTO. Cuando usted crea una manera de llevar a GOGI consigo durante su día, y está creando su propia manera de tener GOGI EN MOVIMIENTO!

PREGUNTAS GRUPALES – PALABRAS POSITIVAS

1. ¿Hubo un momento hoy en que utilizó PALABRAS POSITIVAS? Por favor explique.
2. ¿Hubo un momento hoy cuando fue difícil utilizar PALABRAS POSITIVAS? Por favor explique.
3. Cuando alguien a su alrededor es negativo, ¿le resulta difícil mantener PALABRAS POSITIVAS? Por favor explique.
4. ¿Por qué piensa que algunas personas no utilizan PALABRAS POSITIVAS?

El arte es un obsequio de Harper

Entrenadora CARRANZA

Las palabras que escuchamos y decimos son muy poderosas, porque de alguna manera u otra las tomamos en serio. Porque tenemos en cuenta la opinión de los demás. Al crecer, durante nuestra adolescencia hemos oído mucho las palabras negativas como, "no sirves para nada". Esta frase la guardamos en nuestra mente por mucho tiempo sin saber que algún día la recordaremos y muchas veces la pongamos en acción. Las palaras son poderosas, que nos puede fortalecer o nos pueden destruir.

Las PALABRAS POSITIVAS son muy efectivas. Yo uso esta herramienta constantemente, no solo las digo a otras personas, sino que me las digo a mi misma. Si al comenzar el día al pasar a alguien en pasillo o al compañero(a) de cuarto le decimos, "buenos días", "tenga un buen día", o "que Dios los bendiga". PALABRAS POSITIVAS me ayudan a tener mi pecho erguido y caminar con la cabeza en alto. No me siento apenada o avergonzada de decirlas. A veces podemos escuchar a una persona expresarse negativamente de sí misma. Al escucharle, nosotros podemos darle vuelta a esa opinión y hacerles comprender que eso es solamente un punto de vista. Podemos recordarle de lo bueno que puede salir de ello. Pueden ser las primeras o las últimas palabras que esa persona escuche ese día.

PALABRAS POSITIVAS és una de las herramientas que también uso diariamente. Ya sea en el trabajo, con mi familia, mis amistades, en la calle. Cuando alguna persona me dice cosas negativas, ya sea para dañarme de alguna manera, para ver mi reacción. Yo les contesto con PALABRAS POSITIVAS. Uso la frase "no voy a dejar que me quite mi paz" y me la digo a mi misma.

PALABRAS POSITIVAS inspiran a aquellas personas que las escuchan. Aun a aquellas que las dicen.

GOGI POR VIDA

Coach Carranza

El arte es un obsequio de Leopoldo P.

GUÍA DE ESTUDIO SEMANAL

(Coordinador, por favor, siempre que sea posible haga una copia de esta guía para distribuir al comienzo de su reunión. Con esta guía, los estudiantes pueden asegurarse de que están aprendiendo los conceptos importantes de la herramienta de esta semana)

Fecha de hoy ______________________________

Mi nombre ______________________________

Por favor conteste todas las preguntas. Por favor siéntase en libertad de buscar las respuestas en su libro, debatir con sus compañeros, o preguntar a su coordinador.

1) ¿A qué SECCIÓN DE HERRAMIENTAS corresponde la herramienta de esta semana?

____

____

____

2) ¿Cuáles MESES DEL AÑO están dedicados al estudio de esta herramienta? ______________________________

____

____

____

____

3) ¿Cuáles SEMANAS DEL AÑO están dedicadas al estudio de esta herramienta?______________________________

____

____

____

____

4) ¿Cuáles son las PALABRAS CLAVE de esta herramienta?____

____

____

____

____

5) ¿Cuál es la DECLARACIÓN DE PROPIEDAD para esta herramienta? ______________________________

____

____

____

____

6) Piense acerca de un momento en su vida, ya sea pasado, presente, o futuro, cuando esta herramienta podría serle útil. ¿Cómo usaría esta herramienta? ____________________

____

____

____

____

____

____

____

____

____

____

____

DECLARACIÓN DE PROPIEDAD
ACCIONES POSITIVAS

ACCIONES POSITIVAS

Yo sé que tengo el poder de transformar mi mundo a través de mis ACCIONES POSITIVAS. Elijo mis ACCIONES POSITIVAS para moverme mas allá de mi pasado y crear un futuro positivo.

Repita la declaración de propiedad de esta semana tan frecuentemente como le sea posible. Antes de levantarse de la cama, antes de sus comidas, durante su tiempo libre y antes de dormirse. Escriba esta declaración para reforzar su interés. Su declaración de propiedad semanal refuerza la herramienta de esta semana.

MI HERRAMIENTA GOGI

ACCIONES POSITIVAS

Las semanas para estudiar ACCIONES POSITIVAS son:

Segunda Semana de febrero

Segunda Semana de mayo

Segunda Semana de agosto

Segunda Semana de noviembre

GOGI - FEBRERO
D L M M J V S
Primera Semana del Mes
ACCIONES POSITIVAS
Tercera Semana del Mes
Cuarta Semana del Mes

GOGI - MAYO
D L M M J V S
Primera Semana del Mes
ACCIONES POSITIVAS
Tercera Semana del Mes
Cuarta Semana del Mes

GOGI - AGOSTO
D L M M J V S
Primera Semana del Mes
ACCIONES POSITIVAS
Tercera Semana del Mes
Cuarta Semana del Mes

GOGI - NOVIEMBRE
D L M M J V S
Primera Semana del Mes
ACCIONES POSITIVAS
Tercera Semana del Mes
Cuarta Semana del Mes

PALABRAS CLAVE
ACCIONES POSITIVAS

LAS TRES P

¿Es PODEROSO?

¿Es PRODUCTIVO?

¿Es POSITIVO

con afecto *Coach Taylor*

ACCIONES POSITIVAS

Cuando hacemos algo que sabemos que está mal, nos hace sentir mal internamente. Muchas veces, nos pasaron cosas malas siendo niños, y nos sentimos mal pero no sabemos que hacer. Muchos jóvenes se vuelcan a las drogas y el alcohol para tratar de alejar el dolor. Pero, como usted sabe, el dolor no se aleja. Lo que sucede con frecuencia es que nos convertimos en insensibles a nuestro propio dolor, sí, pero también nos volvemos insensibles al dolor que comonsamos a causarle a los demás.

Luego, casi como un mecanismo de relojería, infringimos una o dos leyes, y antes de darnos cuenta, estamos en un ciclo que parece que nunca acaba. Nos sentimos atrapados en un ciclo que parece que requiere acciones negativas para poder sobrevivir.

GOGI comprende todo esto. Comprendemos que niños dolidos crecen y son adultos que se dañan a si mismos y a los demás. Comprendemos que una vez que se entra en el ciclo de acciones negativas, es casi imposible cambiar todo y simplemente volverse positivo.

La herramienta ACCIONES POSITIVAS es perfecta para estas personas. Es porque ACCIONES POSITIVAS no requiere acciones grandes, enormes, imposibles. ACCIONES POSITIVAS es acerca de pequeñas cosas, pequeñas acciones que los demás a veces ni siquiera perciben. ACCIONES POSITIVAS puede ser levantarse de la cama 5 minutos antes. ACCIONES POSITIVAS puede ser levantar una basura que ve cerca del recipiente para basura. ACCIONES POSITIVAS puede ser ayudar a alguien a escribir una carta, a aprender a leér o desplazarse a través del laberinto que son las correccionales.

ACCIONES POSITIVAS es acerca de las pequeñas cosas que usted puede hacer ahora mismo, hoy, para hacer de su mundo un lugar mejor. Si se propone la meta de hacer cinco ACCIONES POSITIVAS cada día, pronto descubrirá que cinco es muy fácil y querrá hacer diez. ACCIONES POSITIVAS le da el control sobre un mundo que parece que ha estado fuera de control desde hace mucho, mucho tiempo.

Acciones Positivas

El arte es un obsequio de Harper

¿Se da cuenta que una ACCIÓN POSITIVA puede ser tan simple como tomar un libro y leer algo positivo? Puede ser tan simple como organizar sus cosas, hacer su cama, decir una oración, escribir una carta. ACCIONES POSITIVAS no necesitan ser cosas enormes. En realidad, es en las acciones pequeñas donde es creado nuestro futuro.

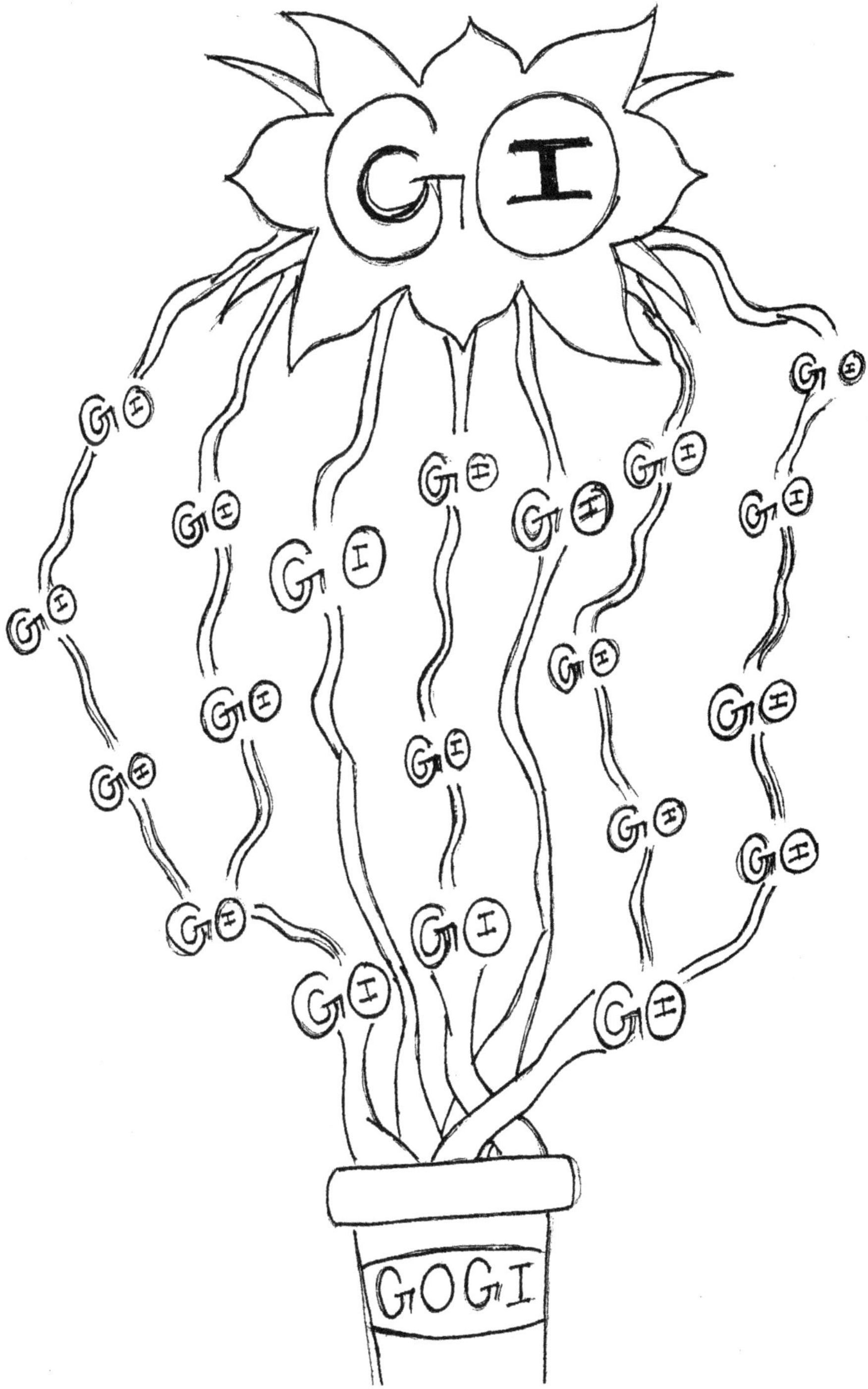

El arte es un obsequio de Daniel O.

OBJETIVO – ACCIONES POSITIVAS

Su objetivo esta semana es ser el jefe de todas sus acciones.

Escogerá acciones que sean PODEROSAS, PRODUCTIVAS y POSITIVAS cuando aprenda la herramienta ACCIONES POSITIVAS.

Una nota de la Entrenadora Taylor

Si pudiera tener un deseo para usted, sería que pueda sentir la libertad interior que proviene de elegir ACCIONES POSITIVAS ante lo negativo. El poder, control y logros que siente cuando no es absorbido por la negatividad, es el combustible para hacer mas ACCIONES POSITIVAS. Deseo eso para usted, que sea lo suficientemente fuerte y valiente para elegir sólo ACCIONES POSITIVAS desde hoy en adelante.

GOGI-ismo

CRECIENDO con GOGI

Cuando aprende GOGI, es natural desear que todos sus seres queridos aprendan GOGI también. Mas y mas padres están enseñando a sus hijos las HERRAMIENTAS GOGI. Cuando usted CRECE CON GOGI, está aprendiendo GOGI desde el primer día.

AGENDA – ACCIONES POSITIVAS

A continuación está la guía para la clase/grupo GOGI de 90 minutos de esta semana:

1. Dar Comienzo a la Reunión (1 minuto)
2. Lectura de las Herramientas GOGI (1 minuto)
3. Control/Repaso de la Semana Anterior un breve resumen (10 minutos)
4. Control del Calendario Nacional GOGI ¿Cuál es la herramienta de esta semana? (1 minuto)
5. Lectura y Actividad Para esta herramienta de este capítulo (30 minutos)
6. Debate de Grupo Encontrado en este capítulo (40-50 minutos)
7. Conclusiones Finales (1 minuto)
8. Su Compromiso GOGI y Cierre de la Reunión (2- 5 minutos)

Si está solo en sus estudios GOGI, imagine cómo sería si toda su familia se reuniera cada semana y practicara las herramientas GOGI. ¿Qué pasaría si su barrio tuviera reuniones GOGI donde la gente se juntara para compartir y crecer en su habilidad de tomar mas decisiones positivas y en ser de servicio a los demás?

Esto es posible. Primero, no obstante, usted debe aprender cómo aplicar las reuniones GOGI a su vida hoy, incluso si está solo.

INTRODUCCIÓN A LA HERRAMIENTA – ACCIONES POSITIVAS

¿Sabía usted que simplemente hacer una ACCIÓN POSITIVA puede tener un gran resultado positivo en su día? Sí, eso es corrécto, una simple ACCIÓN POSITIVA cada día puede ayudarle muchísimo en su habilidad para ser el jefe de su vida.

Las ACCIONES POSITIVAS son las pequeñas cosas que usted hace, no tienen por qué ser grandes cosas. Las ACCIONES POSITIVAS mas pequeñas son en realidad las mas poderosas, porque puede hacer muchas mas cada día.

¿Sabía usted que si tiene 2 o 3 ACCIONES POSITIVAS escogidas antes de tiempo, es mas fácil vencer los impulsos de tomar malas decisiones?

Si considera las cosas que hizo ayer, puede hacer una lista de cuáles de esas cosas fueron positivas. También puede hacer una lista de cosas positivas que no alcanzó a hacer.

A veces, cuando usted hace una cosa negativa, lleva a una larga serie de cosas negativas. Sin embargo, cuando usted hace una cosa positivo, es mas poderoso y se desparrama a su alrededor, cambiando su actitud, sus percepciones, y la manera en que otros le responden.

Un aspecto de utilizar esta herramienta es estar conciente de todas las ACCIONES POSITIVAS que usted hace cada día. Preste atención a sus acciones y luego, lentamente, cada día, aumente la cantidad de ACCIONES POSITIVAS.

Una nota de la Entrenadora Taylor

Por favor, sepa que ser positivo en sus pensamientos es un hábito. No viene natural ni fácilmente para algunas personas. Es un hábito que usted debe crear y edificar. Si usted tiene modos simples de recordarse que está construyendo un nuevo hábito, entonces tendrá mas éxito cuando se enfrente con una decisión negativa o positiva. Simplemente dígase a usted mismo, "Estoy creando un nuevo hábito. Esto lleva tiempo, pero ahora no tengo otra opción mas que crear PENSAMIENTOS POSITIVOS." Esto funcionará para darle el poder que necesita para continuar con su proyecto de construir una vida mejor.

¿Piensa usted que debe sufrir por sus hechos del pasado? Mi creencia es que usted le causa dolor a todos cuando está negativo y cuando sufre. Está haciendo que aquellos a su alrededor también sufran. Lo mejor que puede hacer es dedicarse a ser positivo, a crear positivo, a enseñar positivo. De ese modo, ya no es dañino para la sociedad. ¿No ha sido negativo durante suficiente tiempo? ¿No es tiempo de ser positivo?

CÓMO UTILIZAR – ACCIONES POSITIVAS

Cuando usted escoge dos o tres ACCIONES POSITIVAS las tendrá listas para su proceso de pensamiento. Es importante tener ACCIONES POSITIVAS preparadas, porque puede necesitar utilizarlas cuando el impulso de tomar malas elecciones parece presionarlo. Tenga preparadas sus ACCIONES POSITIVAS. Téngalas en espera.

Algunos ejemplos de ACCIONES POSITIVAS son: beber un vaso de agua, caminar un poco, hacer ejercicios, leer un buen libro, llamar a un patrocinador o a un amigo de la iglesia, o limpiar su habitación.

El arte es un obsequio de Davida

Una nota de la Entrenadora Taylor

ASUMO RESPONSIBILIDAD es acerca de hoy. Es acerca de cómo escoge actuar y cómo escoge reaccionar hoy. ¿Está listo para crecer y aprender de su pasado eligiendo actuar y reaccionar hoy de manera diferente? De eso se trata ASUMO RESPONSIBILIDAD. Es acerca de hacer un hoy diferente.

ACTIVIDAD – ACCIONES POSITIVAS

En pequeños grupos pídale a cada persona que:

1. Escoja 2 o 3 ACCIONES POSITIVAS que puedan ser utilizadas cuando sea que sienta el impulso de hacer algo negativo.

2. Pídale a cada persona que mantenga sus acciones positivas simples, para que sean fáciles de realizar, sin importar donde se encuentre.

3. Pídale a cada persona que comparta su lista.

Es muy importante elegir sus ACCIONES POSITIVAS, porque podrá hacerlas si los pensamientos negativos comienzan a tomar espacio en su mente. Si no pasa el control de las TRES P, haga otra cosa. Antes de tomar cualquier acción, pregúntese:

¿Es PODEROSA?

¿Es PRODUCTIVA?

¿Es POSITIVA?

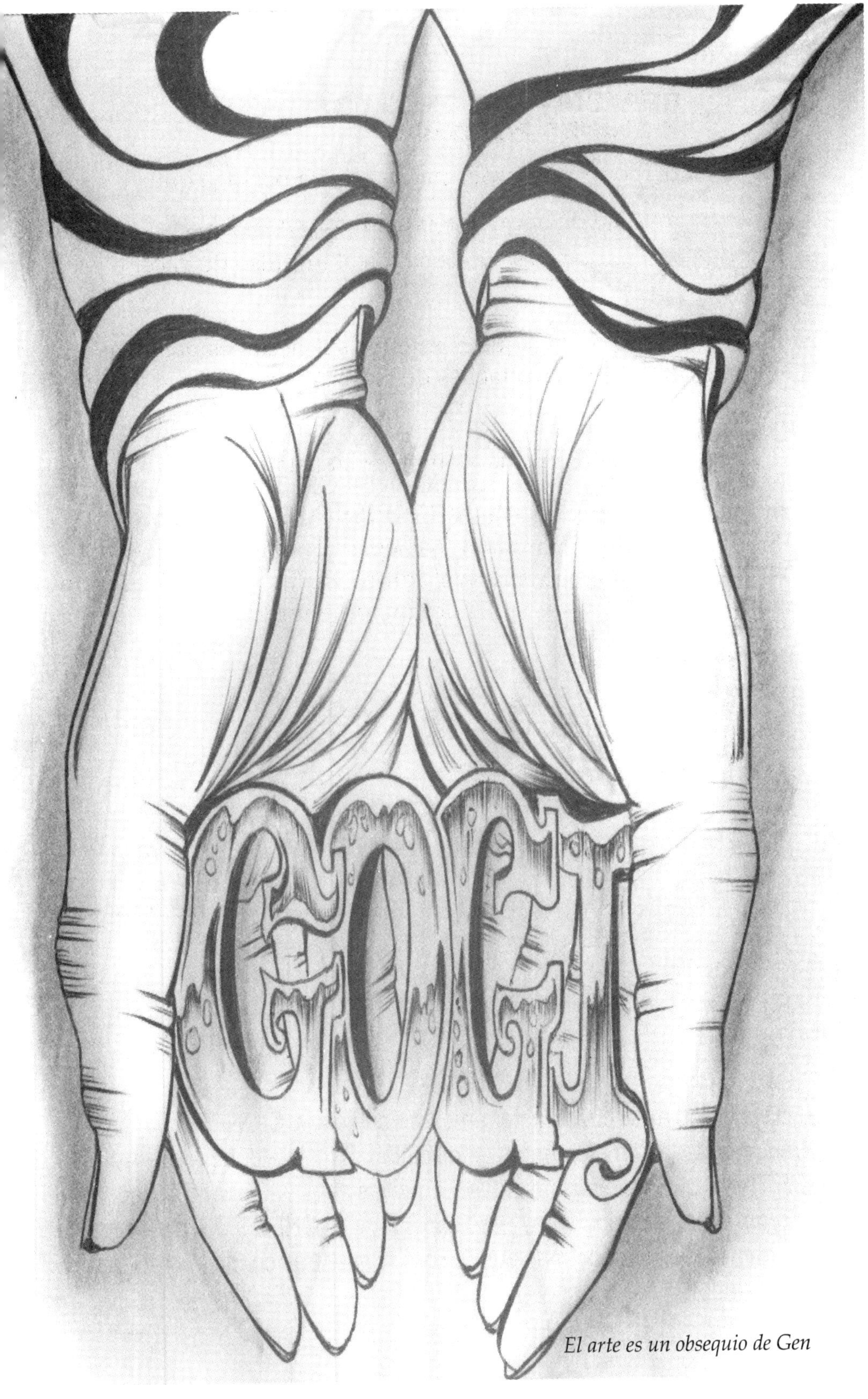

El arte es un obsequio de Gen

REPASO – ACCIONES POSITIVAS

Como herramienta, ACCIONES POSITIVAS le pide que seleccione 2 o 3 cosas que puede hacer cuando siente el impulso de hacer algo negativo.

Pregúntese las TRES P.

¿Es PODEROSA?

¿Es PRODUCTIVA?

¿Es POSITIVA?

Usted puede confiar en sus ACCIONES POSITIVAS como reserva, permitiéndole mantenerse en la dirección correcta. Cuando sienta el impulso de hacer o pensar algo negativo, irá a su ACCIÓN POSITIVA lo mas rápido posible.

La clave de su éxito puede estar en saber cuáles ACCIONES POSITIVAS serán mas fáciles en momentos de dificultad. Escoja algunas ACCIONES POSITIVAS que sean sus favoritas y aquellas a las que pueda acceder sin importar dónde se encuentre. Esas son sus ACCIONES POSITIVAS mas importantes y en las que mas puede confiar mientras continúa creciendo y aprendiendo.

PREGUNTAS GRUPALES – ACCIONES POSITIVAS

1. ¿Hubo un momento hoy en que escogió una ACCIÓN POSITIVA? Por favor explique.
2. ¿Hubo un momento hoy cuando fue difícil elegir una ACCIÓN POSITIVA? Por favor explique.
3. ¿Cuáles son sus ACCIONES POSITIVAS favoritas? Por favor enumerarlas.
4. ¿Sus ACCIONES POSITIVAS le ayudan a vencer impulsos de hacer algo negativo? Por favor explique.
5. ¿Qué puede hacer para escoger ACCIONES POSITIVAS mas frecuentemente cada día?

GOGI-ismo

HABLAR DE HERRAMIENTAS

En lugar de hablar "basura," los estudiantes GOGI hablan mucho de "Herramientas". Hablar de Herramientas es cuando dos o mas personas están envueltas en una conversación positiva acerca de cómo han utilizado las Herramientas GOGI para tomar decisiones mas positivas.

Entrenadora CARRANZA

Yo tengo la creencia que nuestras ACCIONES POSITIVAS determinan la clase de persona que somos. PALABRAS POSITIVAS muchas veces quiere decir el darle la espalda el pasado que nos ha dañado. PENSAMIENTOS POSITIVOS y PALABRAS POSITIVAS tienen mucho que ver con ACCIONES POSITIVAS. Estas herramientas trabajan en conjunto. Una no puede trabajar efectivamente sin la otra.

Muchas veces tenemos temor de hacer lo correcto en frente de otras personas, por el temor de que nos van a juzgar o criticar. Aunque hiciéramos lo negativo, también sería igual.

ACCIONES POSITIVAS consiste en muchas cosas.

Puede que nos encontremos en situaciones o lugares no necesariamente en buenas condiciones y unas de ellas, es la cárcel o prisión. Yo comprendo que puede ser un poco mas difícil de hacerlo en frente de otros que están en el mismo lugar. Puede que sea una sonrisa, ¡un buenos días! Al hacer las herramientas de GOGI parte de nuestras vidas, se nos hace mas fácil hacerlo, sin importar en frente de quien lo hacemos.

ACCIONES POSITIVAS es el poder compartir mis habilidades con otras personas. Me ayudan a progresar espiritualmente. Porque hoy día yo decidí actuar positivamente en situaciones, hacia otras personas.

ACCIONES POSITIVAS llegan a ser parte de nuestra vida rutinaria. El poder hacer alguna acción positiva cualquiera que esa fuese, nos da el sentido de compasión. Tenemos el poder de encontrar en nosotros mismos esa compasión, la que nos mantiene plantados sobre la tierra.

ACCIONES POSITIVAS me ayudan a mantenerme simplemente sencilla.

GOGI POR VIDA

Coach Carranza

GUÍA DE ESTUDIO SEMANAL

(Coordinador, por favor, siempre que sea posible haga una copia de esta guía para distribuir al comienzo de su reunión. Con esta guía, los estudiantes pueden asegurarse de que están aprendiendo los conceptos importantes de la herramienta de esta semana)

Fecha de hoy ________________________________

Mi nombre ________________________________

Por favor conteste todas las preguntas. Por favor siéntase en libertad de buscar las respuestas en su libro, debatir con sus compañeros, o preguntar a su coordinador.

1) ¿A qué SECCIÓN DE HERRAMIENTAS corresponde la herramienta de esta semana?

____

____

____

2) ¿Cuáles MESES DEL AÑO están dedicados al estudio de esta herramienta? ________________________________

____

____

____

____

3) ¿Cuáles SEMANAS DEL AÑO están dedicadas al estudio de esta herramienta?________________________________

____

____

____

____

4) ¿Cuáles son las PALABRAS CLAVE de esta herramienta?____

5) ¿Cuál es la DECLARACIÓN DE PROPIEDAD para esta herramienta? ____

6) Piense acerca de un momento en su vida, ya sea pasado, presente, o futuro, cuando esta herramienta podría serle útil. ¿Cómo usaría esta herramienta? ____

Vean, la escritura arriba del ángel "Mi Escudo" significa "My Shield" en inglés y el ángel está sosteniendo en alto el logo de GOGI como un escudo...

La escritura a la derecha y a la izquierda del ángel "Por Vida", significa "For Life" en inglés. Pensé en agregar un poco de color rosa porque ¡fue armado para apoyar a las mujeres! Ahora, ¿ve la túnica que está usando el ángel? Bueno, mi hija es una diseñadora de modas y está cerca de graduarse de la universidad con un título de diseñadora de modas. Ella me envió una carta cuando estaba en el décimo grado y al comienzo de la primer fase de su carrera y en aquella carta ella me mandó un boceto de esta túnica para mostrarme su talento, así que decidí incluir la túnica en el dibujo. Quiero decir que mi hija lo hace mucho mejor...

Mientras mostraba el dibujo a otros, algunos de los muchachos me preguntaban quién era el ángel, porque luce muy real. ¡¡Yo les digo que es "la santa de GOGI" entrenadora Taylor!!

Usted sabe que las cosas no pasan por coincidencia en la vida, todo en la vida tiene un propósito y un motivo detrás, Dios nos la envió a nosotros, para que nos ayude y nos guíe a ser positivos y buena gente...y también para ayudarnos a obtener la libertad condicional algún día, es por eso que nombré a este dibujo en particular "la santa de GOGI", sosteniendo el poderoso escudo que cambia muchas vidas y muchas familias. Si somos buena gente en la vida, nuestras familias y aquellos que nos rodean también serán buena gente. Nuestras acciones se reflejan en nuestra familia, en nuestros amigos y en todo...Y cuando nuestras acciones son positivas y honorables,¡nunca podemos fallar! ¡Como unidad!

Este dibujo es suyo para que lo conserve, le sugiero que lo enmarque, solo asegúrese de colocar una hoja de papel blanco "detrás" del pañuelo cuando lo coloque en el marco, ¡para que el arte y la imagen resalten claramente! También estoy en el proceso de crear ese dibujo con el poema "My GOGI Life", pero en español, como usted me lo ha solicitado. Tengo que traducirlo del inglés al español, puede parecer un poco diferente en español pero es con convicción y es poderoso. ¡Lo tendré listo pronto!

Sandoval, Armando ·2015·

El arte es un obsequio de Armando S.

El arte es un obsequio de Blanchard

Estuvo genial, el fiscal del distrito vino y me preguntó si todavía estaba haciendo GOGI. Sí, le respondí. Ha cambiado mi vida. Me dijo que creía eso y que quería agradecerme por insistir para que comience en Heber para los hombres. Ha notado una diferencia en los hombres! (Que bueno!)

Wesley R.

3

SECCIÓN TRES:

Enséñame Cómo Hacer GOGI
HERAMIENTAS PARA AVAZAR

ASUMO RESPONSABILIDAD
DEJAR IR
DAR

DECLARACIÓN DE PROPIEDAD
ASUMO RESPONSABILIDAD

ASUMO RESPONSABILIDAD

Desde este momento en adelante yo ASUMO RESPONSABILIDAD por todas mis acciones y todas mis reacciones. Todas mis acciones y reacciones hoy son mi responsabilidad y ASUMO RESPONSABILIDAD.

Repita la declaración de propiedad de esta semana tan frecuentemente como le sea posible. Antes de levantarse de la cama, antes de sus comidas, durante su tiempo libre y antes de dormirse. Escriba esta declaración para reforzar su interés. Su declaración de propiedad semanal refuerza la herramienta de esta semana.

MI HERRAMIENTA GOGI

ASUMO RESPONSABILIDAD

Las semanas para estudiar
ASUMO RESPONSABILIDAD son:

Tercera Semana de febrero

Tercera Semana de mayo

Tercera Semana de agosto

Tercera Semana de noviembre

GOGI - FEBRERO

D L M M J V S

Primera Semana del Mes

Segunda Semana del Mes

ASUMO RESPONSABILIDAD

Cuarta Semana del Mes

GOGI - MAYO

D L M M J V S

Primera Semana del Mes

Segunda Semana del Mes

ASUMO RESPONSABILIDAD

Cuarta Semana del Mes

GOGI - AGOSTO

D L M M J V S

Primera Semana del Mes

Segunda Semana del Mes

ASUMO RESPONSABILIDAD

Cuarta Semana del Mes

GOGI - NOVIEMBRE

D L M M J V S

Primera Semana del Mes

Segunda Semana del Mes

ASUMO RESPONSABILIDAD

Cuarta Semana del Mes

PALABRAS CLAVE
ASUMO RESPONSABILIDAD

¿ME SIENTO ORGULLOSO DE ESTA ELECCIÓN?

HOY SOY RESPONSABLE DE TODAS MIS ACCIONES Y DE TODAS MIS REACCIONES.

con afecto *Coach Taylor*

ASUMO RESPONSABILIDAD

Es importante que usted asuma responsabilidad por sus acciones pasadas. Eso es una realidad. Muchas veces corremos el riesgo de repetir el pasado si no asumimos la responsabilidad de la parte en que participamos creando un problema. La cuestión es que la herramienta GOGI llamada ASUMO RESPONSABILIDAD no es para nada acerca del pasado. La herramienta ASUMO RESPONSABILIDAD es una herramienta para ser utilizada para tomar sus decisiones hoy, ¿Cuáles son sus decisiones hoy?

Al preguntarse a usted mismo, "¿estoy orgulloso de esta elección?" está utilizando la herramienta ASUMO RESPONSABILIDAD. Si usted justifica cosas como, "No tengo otra opción" o "Ellos me hicieron hacerlo" o " Se me escapa de las manos", entonces no está orgulloso de su elección y está escogiendo no utilizar la herramienta ASUMO RESPONSABILIDAD.

La herramienta ASUMO RESPONSABILIDAD es acerca de sus elecciones ahora mismo. ¿Está usted verdaderamente, profundamente orgulloso de sus decisiones hoy? Mañana no es una preocupación para esta herramienta. Ayer no es una preocupación para esta herramienta. Hoy y sólo hoy es como utiliza la herramienta ASUMO RESPONSABILIDAD.

De lo que nos hemos dado cuenta es que cuando hombres y mujeres utilizan esta herramienta para tomar sus decisiones diarias, se dan cuenta que las decisiones del futuro pueden ser muy diferentes. Se dan cuenta de que pueden sentirse orgullosos de sus elecciones de mañana, practicando sus elecciones hoy.

Descubrimos que hombres y mujeres que han cometido los errores mas terribles en el pasado pueden comenzar a desarrollar la habilidad de tomar decisiones sólidas y firmes hoy. Esto significa que dejan de causar daño.

Cuando usted utiliza la herramienta ASUMIR RESPONSABILIDAD deja de ser negativo en el mundo. Instantáneamente se convierte en una contribución positiva hoy cuando puede sentirse orgulloso de sus elecciones y sabe que hoy son positivas.

Simplemente pregúntese, "¿Estoy orgulloso de esta elección?"

♡ Coach

ADD No Puede Detenerme

por Gabriel Singer

Cuando comencé con GOGI, comencé a reflexionar sobre mi vida. Hablando con otros miembros de GOGI y escuchando sus historias, veo que mi historia es diferente. En 4to grado fui diagnosticado con ADD (Trastorno por Dificil de Atención) y con Ansiedad Depresiva. Este cóctel de asuntos ha sido la mayor batalla que he tenido que pelear. No es como pelear con otra persona o contra algo, es como pelear dentro de uno mismo, y es una pelea que nadie puede ver.

Pasados muchos años en que mis queridos padres trataron de ayudarme mostrándome el camino correcto, me cansé de las drogas recetadas y de los consejeros. Mi remedio fue que escogí un estilo de vida de auto-medicación y malas decisiones.

Siempre he sido mi peor enemigo. En realidad, ahora es difícil decir eso, porque no puedo culpar a nadie mas que a mi mismo. Créame que intenté. Culpé a las escuelas, al gobierno, a ex novias. Si, los culpé a todos. Sin embargo, siempre han sido mis malas decisiones y rechazo la ayuda de cualquiera que se interponían a cualquier oportunidad que podría llegar a tener.

Aprender las herramientas GOGI me ayudó a tomar control de mi vida. Me ha ayudado por herramientas como RESPIRACIÓN ABDOMINAL, que me ha permitido tranquilizarme y desacelerar mi mente, y comenzar a pensar antes de hablar o actuar. INTERRUPTOR DE LUZ CINCO SEGUNDOS me ha ayudado a desacelerar mis pensamientos negativos acerca de mi mismo y a comenzar una nueva manera de pensar. He fallado mucho estando solo. ¿Y qué? He comenzado a hacer las cosas bien. Gracias a algunos miembros del personal de la prisión, y a amigos que me han ayudado, obtuve mi GED (Diploma de Educación General), he comenzado la universidad, y ahora estoy haciendo GOGI. Y lo mejor de todo, estoy por casarme.

Tengo mucha gente para agradecer por esto, pero por sobre todo, quiero agradecer a GOGI y deseo demostrar con mis acciones, que ustedes han encontrado otro miembro para toda la vida, y espero que algún día, otro Entrenador GOGI.

El arte es un obsequio de Tongpalan

OBJETIVO – ASUMO RESPONSABILIDAD

Esta semana podrá aprender que la herramienta ASUMO RESPONSABILIDAD hoy lo pone a cargo de sus reacciones y sus acciones. ASUMO RESPONSABILIDAD le permite ser el jefe de cómo maneja hoy los problemas.

CINTURÓN PARA HERRAMIENTAS

El arte es un obsequio de Frank M.

Una nota de la Entrenadora Taylor

ASUMIR y ACEPTAR RESPONSIBILIDAD es su elección. Usted puede aceptar y asumir la responsabilidad de ser positivo, o puede permanecer como una persona negativa y continuar agregando negatividad al mundo.

Yo pienso que si usted desea "corregir" y "rehabilitar" debe escoger avanzar mas allá de cualquier cosa negativa y enfocarse completamente en crear todo positivo a su alrededor. Es esa la verdadera rehabilitación.

AGENDA – ASUMO RESPONSABILIDAD

A continuación está la guía para la clase/grupo GOGI de 90 minutos de esta semana:

1. Dar Comienzo a la Reunión (1 minuto)
2. Lectura de las Herramientas GOGI (1 minuto)
3. Control/Repaso de la Semana Anterior un breve resumen (10 minutos)
4. Control del Calendario Nacional GOGI ¿Cuál es la herramienta de esta semana? (1 minuto)
5. Lectura y Actividad Para esta herramienta de este capítulo (30 minutos)
6. Debate de Grupo Encontrado en este capítulo (40-50 minutos)
7. Conclusiones Finales (1 minuto)
8. Su Compromiso GOGI y Cierre de la Reunión (2- 5 minutos)

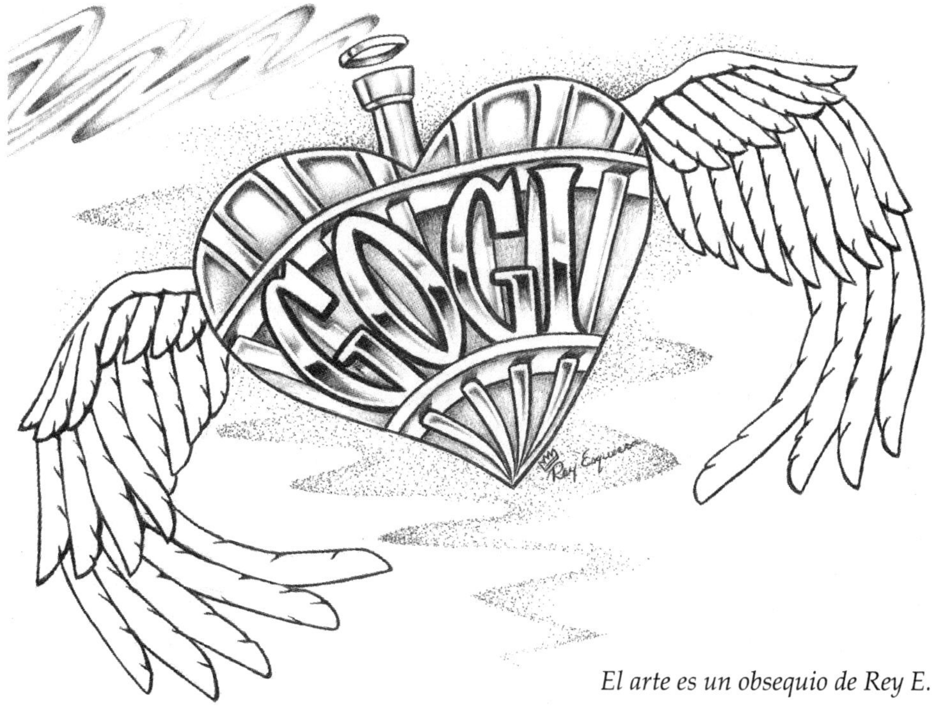

El arte es un obsequio de Rey E.

INTRODUCCIÓN A LA HERRAMIENTA – ASUMO RESPONSABILIDAD

ASUMO RESPONSABILIDAD le permite enfocarse en el hoy. No necesita enfocarse en el pasado y no necesita enfocarse en el futuro. Con ASUMO RESPONSABILIDAD, se enfoca en el hoy.

ASUMO RESPONSABILIDAD le permite ser el jefe de sus acciones y de sus reacciones. Cómo actúa hoy y cómo reacciona hoy es su decisión. Usted es el jefe.

RESPIRACIÓN ABDOMINAL

Cuando esté en el dormitorio se enfrentará con muchas situaciones interactuando con tantas personalidades diferentes en un solo lugar y entonces cuando alguien lo provoca o lo hace enojar encontré que RESPIRACIÓN ABDOMINAL me calma.

Una situación en mi dormitorio podría haber terminado realmente mal pero desde que comencé a utilizar herramientas como respiración abdominal y también interruptor de luz 10 segundos, estas alternativas en cualquier situación o altercado puede, y lo hace, disipar muchas situaciones.

A.E Jr.

CÓMO UTILIZAR – ASUMO RESPONSABILIDAD

ASUMO RESPONSABILIDAD es su herramienta poderosa para ayudarle hoy a controlar sus acciones y reacciones. Como herramienta, ASUMO RESPONSABILIDAD no es acerca del pasado, es acerca de sus acciones y reacciones hoy.

Usted utiliza ASUMO RESPONSABILIDAD durante el día cuando sucede algo o alguien hace algo que generalmente lo disgusta o le preocupa. Con ASUMO RESPONSABILIDAD usted es el jefe de cómo maneja esas situaciones.

Simplemente declare: "Hoy ASUMO RESPONSABILIDAD de mis acciones y hoy ASUMO RESPONSABILIDAD de mis reacciones."

Cuando Todos Somos responsables Todos asumimos responsibilda Por nuestras vidas.

Ruiz Jr

GOGI-ismo

PONERSE EN MODO GOGI

PONERSE EN MODO GOGI significa que ésta dispuesto a ser la mejor versión de usted mismo. Para algunos grupos GOGI, esto puede tener muchos significados, desde bailar, cantar, caminar, hablar, o solo ser de servicio - simplemente ¡PONGASE EN MODO GOGI!

Esta herramienta es suya para utilizarla cada día para crear distancia de un pasado destructivo. No necesita vivir en la miseria cada día, castigado por su pasado. Usted puede contribuir positivamente y no causar mas daño siendo negativo. Usted puede, y debe ser positivo y crear un ambiente positivo. Esa es la mejor rehabilitación, cambiar lo negativo a positivo.

GOGI-ismo

HERRAMIENTAS PARA AVANZAR

Los estudiantes de GOGI creían que al darle el nombre de HERRAMIENTAS PARA AVANZAR a esta sección de herramientas, haría que los otros estudiantes no se desalienten acerca del proceso de cambio.

ASUMO RESPONSABILIDAD, DEJAR IR, y DAR todas se relacionan con su habilidad de moverse hacia delante para crear una vida mas positiva para usted mismo.

Una nota de la Entrenadora Taylor

Por favor, sepa que muchos estudiantes GOGI se dan cuenta que no están solos en su experiencia de abuso sexual y físico cuando eran niños. Muchos varones y niñas sufren grandemente en manos de adultos.

Por favor sepa que lo que sea que usted haya sufrido, no está solo. Aunque puede ser que usted no hable acerca de esto, puede utilizar la herramienta DEJAR IR para practicar avanzar mas allá del dolor y sufrimiento que esto le ha causado.

Como una actividad privada, usted puede practicar DEJAR IR sobre los sentimientos que sufrió cuando era niño. Simplemente practique esta herramienta. Puede ser que no encuentre alivio inmediato, pero con el tiempo lo alcanzará. Y una vez que ya no sufra mas, entonces podrá ayudar a otros a que no sufran.

GOGI-ismo

GUMBO GOGI

Un estudiante GOGI, David F., dijo que, "GOGI es una familia, mezclada con todo tipo de cosas - todos de todos los colores, tamaños, creencias, edades, de todo. Todos nos juntamos y todos somos GOGI". Así es como surgió el nombre GUMBO GOGI.

ACTIVIDAD – ASUMO RESPONSABILIDAD

Con otra persona o solo, enumere hoy tres acciones o reacciones donde usted ASUME RESPONSABILIDAD. Estas acciones y reacciones no están relacionadas al pasado, sino relacionadas a los desafíos de hoy. Declare estas tres cosas en voz alta.

1. ¿Puede hoy ASUMIR RESPONSABILIDAD por sus reacciones?
2. ¿Puede hoy ASUMIR RESPONSABILIDAD por sus acciones?
3. ¿Cuál es la diferencia entre reacciones y acciones?
4. En su grupo, converse acerca de cómo el acto de asumir responsabilidad es diferente de la HERRAMIENTA GOGI llamada ASUMO RESPONSABILIDAD.

GOGI-ismo

GOGI Tiene Un App Para Eso

Un estudiante GOGI dijo que sus herramientas GOGI eran mejor que una aplicación en su teléfono que le provee direcciones. Dijo, "¿Tiene un problema? GOGI tiene un app para eso."

Una nota de la Entrenadora Taylor

Uno de los estudiantes GOGI dijo que sin importar que religión las personas elijan seguir, las herramientas GOGI ayudan a todos los hombres y mujeres a ser mejores seres humanos. Otro dijo que las herramientas GOGI eran consistentes con los metas de la mayoría de las religiones, donde el objetivo es ser una mejor persona. GOGI, en un sentido muy real, permite que todas las religiones se unan con el objetivo de ayudar a las personas a llegar a ser lo mejor que puedan ser.

El arte es un obsequio de Suarez

REPASO – ASUMO RESPONSABILIDAD

Como herramienta, ASUMO RESPONSABILIDAD es acerca de hoy, no ayer y no mañana. Esto lo libera por un tiempo suficiente del pasado para crear un hoy poderoso y positivo. ASUMO RESPONSABILIDAD le saca la presión acerca del futúro. Todo lo que usted necesita hacer con ASUMO RESPONSABILIDAD es tomar cuidado de sus acciones y reacciones hoy.

Para utilizar ASUMO RESPONSABILIDAD simplemente pregúntese "¿Estoy orgulloso de esta elección?" Luego recuérdese a usted mismo que hoy puede ASUMIR RESPONSABILIDAD de sus acciones y reacciones. Hoy ¿está usted orgulloso de esta elección?

ASUMO RESPONSABILIDAD es una herramienta que lo ayuda hoy a hacer elecciones mas positivas. Si usted hace mas elecciones positivas hoy, tendrá mejores oportunidades de reparar los daños hechos en el pasado. Y si ASUME RESPONSABILIDAD el día de hoy, es muy probable que mañana también hará mas elecciones positivas.

GOGI-ismo

PONERSE A LA ALTURA DE GOGI

Esta frase fue creada por un grupo de hombres preparándose para una muestra de talentos GOGI. PONERSE A LA ALTURA DE GOGI significa que usted está de acuerdo con vivir del Modo GOGI y utilizar sus Herramientas GOGI.

PREGUNTAS GRUPALES – ASUMO RESPONSABILIDAD

1. Algunas personas dicen que es mas fácil culpar a otros y no ASUMIR RESPONSABILIDAD. ¿Por qué?
2. ¿Hubo un momento hoy cuando utilizó ASUMO RESPONSABILIDAD como una herramienta para ayudarlo a lidiar con algo? Por favor explique.
3. ¿Conoce a alguien que utilice regularmente esta herramienta? Por favor explique.
4. ¿Qué puede hacer para utilizar ASUMO RESPONSABILIDAD cada día?

El arte es un obsequio de Harper

Entrenadora CARRANZA

ASUMO RESPONSABILIDAD es otra herramienta poderosa. No quiere decir que es una obligación. Pero si tenemos la obligación hacia nosotros mismos. Aceptar que tenemos la obligación de crear una vida sana, y saludable primeramente para nosotros mismos, así como también hacia los demás. Nos ayuda a aceptar que no somos responsables por las acciones de otras personas. No estamos obligados a ser de la manera que otras personas quieran que seamos. ASUMO RESPONSABILIDAD es una herramienta que nos ayuda a reconocer nuestra habilidad de libertad spiritual. Se puede usar como una manera de reconocer nuestras virtudes. Virtudes que se convierten en ACCIONES POSITIVAS. Como reconocer que podemos hacer decisiones positivas. ASUMO RESPONSABILIDAD es una herramienta proactiva que está relacionada con tus acciones de ahora en adelante.

Tenemos la obligación de ASUMO RESPONSABILIDAD de quien somos. Debemos ASUMO RESPONSABILIDAD de ser felices con lo que tenemos, regocijarnos con quienes somos. Reconocer que no nos falta nada y que el mundo nos pertenece.

ASUMO RESPONSABILIDAD de nuestra realidad nos ayuda a tener una vida mas positiva.

Es muy importante el poder reconocer el pasado, pero es mucho más importante el ASUMO DE RESPONSABILIDAD de nuestro futúro.

Hoy día tengo el valor de ASUMIR RESPONSABILIDAD de mis errores.

Hoy día yo asumo responsabilidad de mis situaciones.

Hoy día yo me acepto a mí misma, y cómo soy.

GOGI POR VIDA

Coach Carranza

GUÍA DE ESTUDIO SEMANAL

(Coordinador, por favor, siempre que sea posible haga una copia de esta guía para distribuir al comienzo de su reunión. Con esta guía, los estudiantes pueden asegurarse de que están aprendiendo los conceptos importantes de la herramienta de esta semana)

Fecha de hoy ____

Mi nombre ____

Por favor conteste todas las preguntas. Por favor siéntase en libertad de buscar las respuestas en su libro, debatir con sus compañeros, o preguntar a su coordinador.

1) ¿A qué SECCIÓN DE HERRAMIENTAS corresponde la herramienta de esta semana?

   ____

   ____

   ____

2) ¿Cuáles MESES DEL AÑO están dedicados al estudio de esta herramienta? ______________________________

   ____

   ____

   ____

   ____

3) ¿Cuáles SEMANAS DEL AÑO están dedicadas al estudio de esta herramienta?______________________________

   ____

   ____

   ____

   ____

4) ¿Cuáles son las PALABRAS CLAVE de esta herramienta?____

5) ¿Cuál es la DECLARACIÓN DE PROPIEDAD para esta herramienta? ____

6) Piense acerca de un momento en su vida, ya sea pasado, presente, o futuro, cuando esta herramienta podría serle útil. ¿Cómo usaría esta herramienta? ____

DECLARACIÓN DE PROPIEDAD – DEJAR IR

DEJAR IR

La mejor manera de enfocarse para vivir en el presente y avanzar es si yo DEJO IR a cualquier cosa que me haya retenido. Cuando DEJO IR, avanzo y me libero.

Repita la declaración de propiedad de esta semana tan frecuentemente como le sea posible. Antes de levantarse de la cama, antes de sus comidas, durante su tiempo libre y antes de dormirse. Escriba esta declaración para reforzar su interés. Su declaración de propiedad semanal refuerza la herramienta de esta semana.

MI HERRAMIENTA GOGI

DEJAR IR

Las semanas para estudiar DEJAR IR son:

Cuarta Semana de febrero

Cuarta Semana de mayo

Cuarta Semana de agosto

Cuarta Semana de noviembre

GOGI - FEBRERO

D	L	M	M	J	V	S
Primer Semana del Mes						
Segunda Semana del Mes						
Tercera Semana del Mes						
DEJAR IR						

GOGI - MAYO

D	L	M	M	J	V	S
Primer Semana del Mes						
Segunda Semana del Mes						
Tercera Semana del Mes						
DEJAR IR						

GOGI - AGOSTO

D	L	M	M	J	V	S
Primer Semana del Mes						
Segunda Semana del Mes						
Tercera Semana del Mes						
DEJAR IR						

GOGI - NOVIEMBRE

D	L	M	M	J	V	S
Primer Semana del Mes						
Segunda Semana del Mes						
Tercera Semana del Mes						
DEJAR IR						

PALABRAS CLAVE
DEJAR IR

MANO/APLASTO/TIRO
Cuando un sentimiento me molesta, lo pongo en mi mano, lo aplasto, y lo tiro lejos de mi.

con afecto *Coach Taylor*

DEJAR IR

Muchas personas confunden esta herramienta con dejar ir a las cosas. La herramienta DEJAR IR no consiste en dejar ir a las cosas. La herramienta DEJAR IR es una ACCIÓN mas que un concepto. Se que puede parecer difícil de comprender, pero les presento un ejemplo.

Digamos que usted se siente culpable acerca de sus acciones pasadas. Digamos que lo mantienen despierto durante la noche, con pesadillas o pensamientos acerca de cosas que sucedieron en el pasado. Sus amigos le han dicho que se olvide, que eso sucedió en el pasado, pero es difícil hacerlo cuando los pensamientos le llegan en sus sueños. Usted se pregunta, "¿cómo se supone que voy a hacer para que todo esto se termine?"

Aquí es cuando la HERRAMIENTA GOGI llamada DEJAR IR resulta útil. Con esta herramienta usted puede imaginar todo el dolor y el pasado en la palma de su mano. Usted mira su mano y coloca sus pensamientos justo en la palma de su mano, dejándolos fuera de su mente por un momento. Luego aprieta su mano y tira todos los pensamientos indeseados. MANO/APLASTO/TIRO. Pone los pensamientos en su mano, los aplasta y los tira.

Esta ACCIÓN de MANO/APLASTO/TIRO es la herramienta DEJAR IR. Esta herramienta es una ACCIÓN, no un concepto. Esta herramienta le permite HACER algo acerca de esos pensamientos que parecen invadir sus esfuerzos por tomar mejores decisiones positivas.

Esta herramienta resulta muy útil cuando alguien lo molesta. Simplemente coloque los sentimientos de enojo o ansiedad en su MANO/APLASTO/TIRO.

Cuando alguien le pregunta acerca de la herramienta DEJAR IR, dígale que no se trata de dejar ir nada. La herramienta DEJAR IR es acerca de poner los sentimientos y emociones fuera del camino para poder responder y reaccionar de una manera mas poderosa y positiva. DEJAR IR le da el poder para tomar decisiones positivas, aun en medio de las circunstancias mas difíciles.

El arte es un obsequio de Harper

Una nota de la Entrenadora Taylor

Si usted falsamente cree que debe sufrir por sus hechos del pasado, entonces, de un modo muy real, está diciendo que todos a su alrededor deben ser sus nuevas víctimas. Esto es porque usted no puede ser negativo sin herir a otros. Está causando mas negatividad en el mundo. La única manera de terminar de causar daño a otros es dedicar su vida a ser mas positivo. Solo ENTONCES reparará el daño que ha causado.

El arte es un obsequio de Wasatch GOGI Campus Women

OBJETIVO – DEJAR IR

Su objetivo esta semana es practicar el poder de colocar los problemas en su MANO, luego APLASTARLOS y después TIRARLOS lejos. Esta herramienta llamada DEJAR IR le permitirá tomar en su MANO/APLASTAR/TIRAR cualquier cosa que se pueda interponer en su camino al cambio.

Hasta ahora el libro GOGI me ha ayudado a través de esta etapa de mi vida. Manejo las cosas de manera mas saludable. Ytambién puedo ayudar a otros. Día a día estoy ganando la confianza que antes tenía. Me extrañaba a mi mismo. Me quiero. Estoy comenzando a sentirme libre. Mas como realmente soy. Lo mejor que yo puedo ser. Este viaje para mi recién está comenzando. Estoy practicando las herramientas adecuadas que necesito para vivir una vida feliz y positiva. Estoy tan agradecido por GOGI, y aun la gente que conocí aquí.

Alex L.

AGENDA – DEJAR IR

A continuación está la guía para la clase/grupo GOGI de 90 minutos de esta semana:

1. Dar Comienzo a la Reunión (1 minuto)
2. Lectura de las Herramientas GOGI (1 minuto)
3. Control/Repaso de la Semana Anterior un breve resumen (10 minutos)
4. Control del Calendario Nacional GOGI ¿Cuál es la herramienta de esta semana? (1 minuto)
5. Lectura y Actividad Para esta herramienta de este capítulo (30 minutos)
6. Debate de Grupo Encontrado en este capítulo (40-50 minutos)
7. Conclusiones Finales (1 minuto)
8. Su Compromiso GOGI y Cierre de la Reunión (2- 5 minutos)

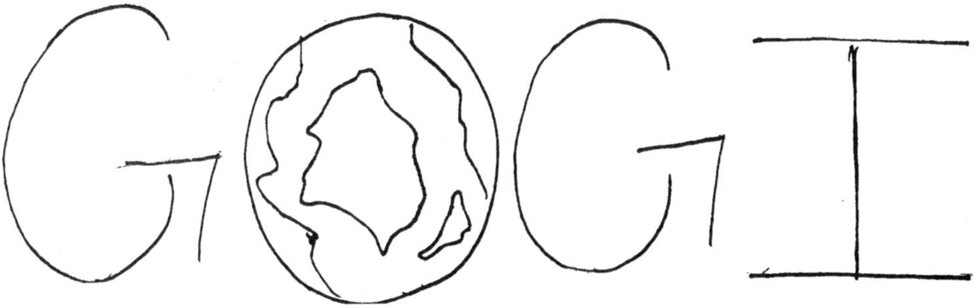

El arte es un obsequio de Daniel O.

Cada vez que se reúne con otra persona y sigue el formato de reunión GOGI, está teniendo una reunión GOGI. No necesita un aula. No necesita un maestro o líder. Todo lo que necesita es a usted mismo. La reunión GOGI es SU reunión para llevar adelante cuando se junta con otros estudiantes GOGI a través de todo el mundo creando una vida mas positiva de libertad interior, del Modo GOGI.

INTRODUCCIÓN A LA HERRAMIENTA – DEJAR IR

GOGI sabe que hay cosas en su pasado que pueden parecer muy grandes para poder ser superadas. A veces parece que las cosas malas han controlado y definido su vida. Eso es a veces una manera normal de sentirse.

Usted puede utilizar la HERRAMIENTA GOGI llamada DEJAR IR para las cosas grandes, pero también para las pequeñas cosas cotidianas. Puede comenzar a utilizar esta herramienta para superar las irritaciones diarias que nos pasan a todos.

CÓMO UTILIZAR HERRAMIENTA – DEJAR IR

Utilice DEJAR IR para las irritaciones diarias, esas cosas que parece que se le acercan desde atrás y tratan de hacerle tropezar.

¿Alguien lo atropella? Use DEJAR IR - MANO/APLASTO/TIRO y DEJO IR. ¿No consiguió ese trabajo? Use DEJAR IR. ¿No le gustó cómo alguien le hablo? Use DEJAR IR.

Cuanto mas utilice DEJAR IR por las pequeñas cosas cotidianas, mas poderosa será para ayudarle con esas cosas viejas que todavía pueden estar molestándolo.

He estado evitando confrontaciones en situaciones donde normalmente terminaba en problemas. No he dejado que los viejos hábitos controlen decisiones y estoy controlando mis reacciones emocionales en situaciones. Cuando me despierto lo primero que hago después de agradecer a Dios, es recordarme que soy el Jefe de mi Cerebro.

Anthony L.

GOGI-ismo

EL RESPLANDOR GOGI

Cuando las mujeres completaron el Grupo GOGI de estudios y se les presentaron los certificados de finalización de sus instalaciones, una mujer declaró ¡que parecían tener EL RESPLANDOR GOGI en sus rostros!

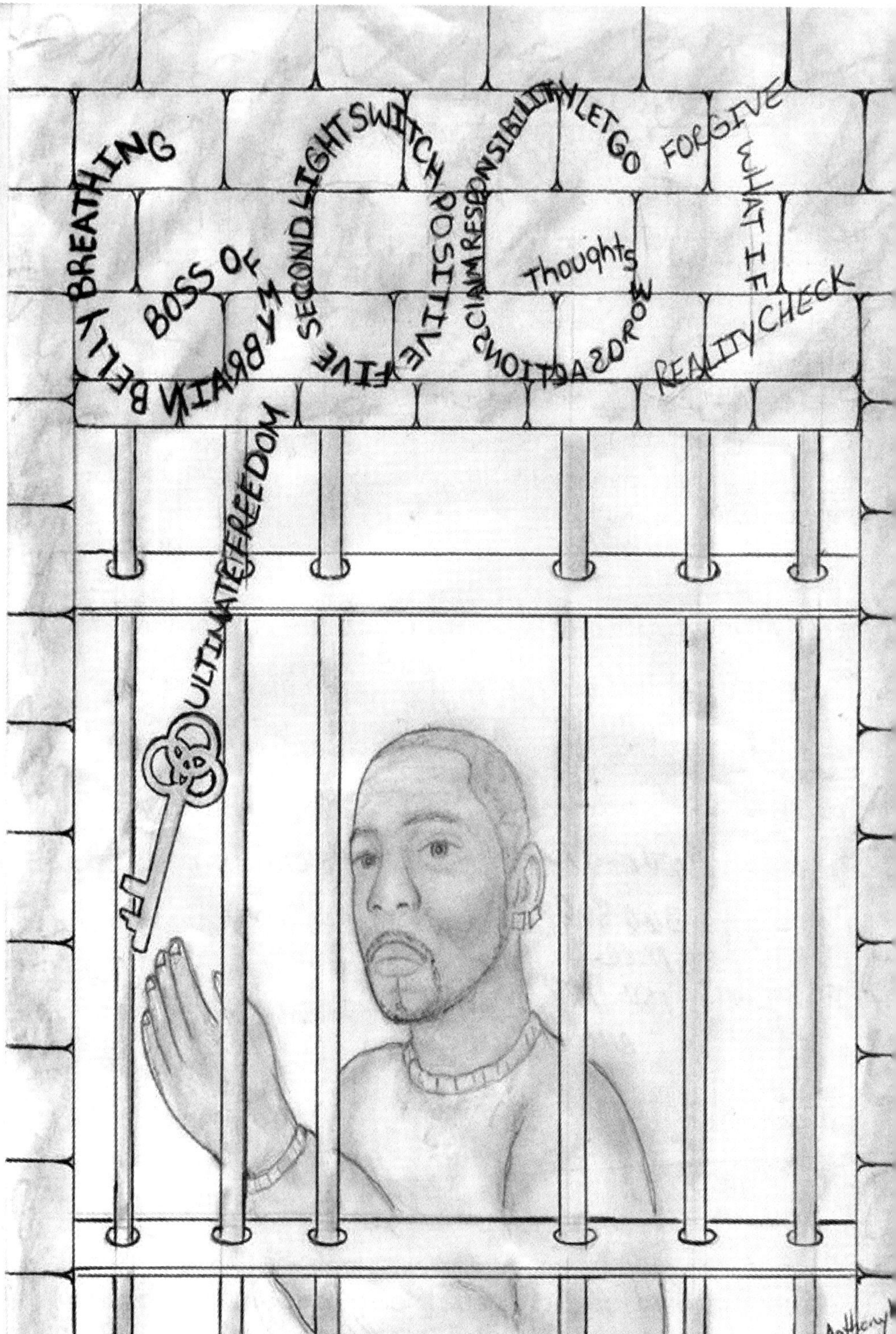

El arte es un obsequio de Anthony

Una nota de la Entrenadora Taylor

DEJAR IR puede ser acerca de las pequeñas cosas de la vida que nos molestan y perturban nuestra paz. Y cuando usted utiliza esta herramienta muchas veces en cosas pequeñas, notará que comenzará a utilizarla para las cosas mas grandes.

Muchas personas fueron tratadas mal cuando eran niños. Muchos niños son lastimados por aquellos que se supone deben cuidarlos. Muchos niños sufren de pobreza y problemas que no pueden resolver. Sufren de adultos por lo que les sucedió siendo niños.

Esas personas que practican DEJAR IR cada día, descubren que DEJAR IR es una herramienta que pueden utilizar para ayudarles a sanar los daños que experimentaron cuando eran niños.

GOGI-ismo

GOGI-ficado

Estar GOGI-ficado significa que usted comienza a utilizar las HERRAMIENTAS GOGI porque aquellos a su alrededor están viviendo de la MANERA GOGI. Ni siquiera tiene que ser "GOGI" para comenzar a actuar "GOGI". Eso es lo que significa estar GOGI-ficado.

ACTIVIDAD – DEJAR IR

En grupos pequeños o trabajando solo, encontrará que esta actividad es liberadora y divertida.

1. Piense en algo que le molesta. Si lo desea, puede escribirlo en una hoja de papel.
2. Coloque eso en su mano, o imagínelo en la palma de su mano.
3. Aplástalo. Abolle todas las emociones que rodean esto.

A esto lo llamamos MANO, APLASTO, TIRO. Lo coloca en su MANO, luego lo APLASTA y lo TIRA. Si su grupo lo desea, pueden poner todo lo que desean aplastar en una gran pila, o tirar todo a un recipiente de basura para que de ese modo todos sean liberados juntos.

Una nota de la Entrenadora Taylor

Cuando usted se da cuenta que cada simple acción que elige determina su nivel de libertad interior, es en ese momento cuando usted descubre cuánto poder tiene para crear una buena vida para usted y para aquellos que ama.

GOGI-ismo

GOGI-TUD

Esta frase fue creada por la Entrenadora de Colegas R. Rigowski. Cuando un estudiante GOGI demuestra gratitud a GOGI por algo positivo que está desarrollándose en su vida, lo llama GOGI-TUD.

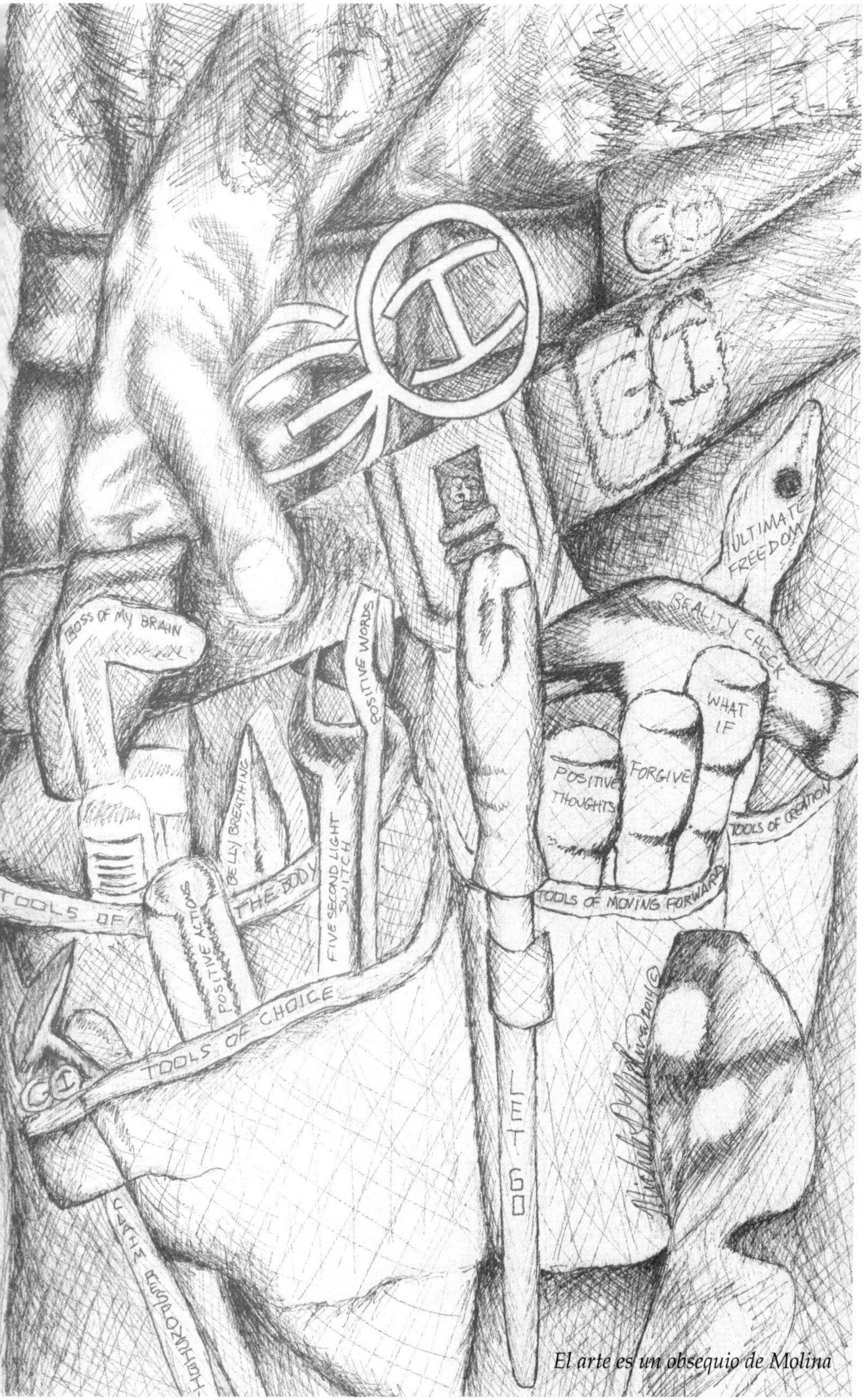

El arte es un obsequio de Molina

REPASO – DEJA IR

DEJAR IR es liberador, porque saca todas las emociones y las irritaciones fuera de su cuerpo y las coloca en sus manos para que usted DEJE IR - MANO/APLASTO/TIRO.

Cuando usted practica DEJAR IR, hay más lugar en su cuerpo para decisiones positivas. Si usted DEJA IR no será controlado por otros o por situaciones. Si usted DEJA IR, está siendo el jefe. Usted tiene el control de sus respuestas. Tiene el control de sus reacciones.

Simplemente recuerde, DEJAR IR es todo acerca de MANO/APLASTO/TIRO y si lo desea, puede hacerlo un millón de veces al día.

GRACIAS A GOGI. YO ME ENFOCO EN VIVIR EN EL PRESENTE Y MAS ASIADELANTE SINKE NADA ME DETENGA.
YO ME LIVERO DE TODO AL ENTREGARME A GOGI. YO USAVA EN ASER LAS COSAS MAL Y ME ENFOCAVA EN USAR MIS HERRAMIENTAS EN CUAL QUIER SITUACION. YO ERA DE PERSONAJE DE TOMAR Y APLASTAR SIN SIN INPORTARME EL PROBLEMA.
GRACIAS A GOGI POR ALLUDARME A MI Y A TODOS A ENTENDER LAS COSAS MEJOR Y LA VIDA Y NOSOTROS MISMOS. GRACIAS.

MANUEL HERNANDEZ.

GOGI-ismo

SU PUNTO REVOLUCIONARIO GOGI

Uno de los Entrenadores de Colegas GOGI del Salt Lake County, Tevita, le hizo esta pregunta a sus estudiantes. Se convirtió en una pregunta común en muchos Grupos GOGI. El preguntó, "Cuando se trata de GOGI, ¿cuál fue la herramienta REVOLUCIONARIA? ¿Cuál Herramienta GOGI, cuál momento, qué le sucedió que le hizo decir - ya está - ¡SOY GOGI POR VIDA!" ¿Cuál es su PUNTO REVOLUCIONARIO GOGI?

PREGUNTAS PARA EL GRUPO – DEJAR IR

1. ¿Qué es algo que haya ocurrido hoy, cuando pudo haber utilizado la herramienta DEJAR IR y su MANO/APLASTO/TIRO?
2. ¿Hay algo que se avecina en el futuro en que DEJAR IR y MANO/APLASTO/TIRO serán útiles? Por favor explique.
3. ¿Cuáles son algunas de las pequeñas irritaciones cotidianas en las que DEJAR IR funcionaría?
4. ¿Cuáles son algunos de los grandes desafíos para utilizar DEJAR IR?

Si usted no tiene un Grupo GOGI, puede hacerse estas preguntas. ¿Puede imaginar si cada escuela tuviera un Grupo GOGI donde a los niños se les enseñara cómo manejar mejor los problemas y desafíos que enfrentan?

¿Puede imaginar cuánto mas fuerte hubiera sido si le hubieran enseñado esta herramienta cuando era niño? Bueno, nunca es demásiado tarde para que pueda dominar la herramienta DEJAR IR y luego ayudar a otros con sus propios sufrimientos.

Entrenadora CARRANZA

Yo era una persona que siempre se preocupaba mucho de las cosas que en realidad no valían la pena. No tenía la herramienta de GOGI, DEJAR IR. Esta herramienta me ha ayudado a reconocer y tomar control de mis emociones. Las emociones que me hacían reaccionar hacia situaciones sin pensar en las consecuencias. Me ha ayudado a DEJAR IR esos pensamientos del pasado que yo usaba como excusa para actuar irracionalmente. Antes, yo daba la oportunidad de ser irritada por cosas o personas, que a la verdad no tenían sentido. Mi querida madre tenía otro dicho y ese era "La sin razón". Ahora yo uso esa frase muy frecuentemente. Esto quería decir que muchas veces encontraba escusas para enojarme sin razón. Escusas para culpar a otros del porque yo actué de esa manera. He aprendido a DEJAR IR desde las cosas grandes hasta las mas mínimas. He dejado de culpar a los demdás.

Hace mas de diez años perdí contacto de quien era mi mejor amiga. Esa amistad termino en pelea física. Ahora ella y yo estamos en contacto. Esa amistad renació, hasta creo que mejor que antes. Sus hijos ya están grandes. Ella, cuando se acuerda se disculpa constantemente conmigo y me dice que nunca mas me quiere hacer daño, física o mentalmente. Y yo le respondo que ese vaso hace mucho que se rompió. Ahora tenemos un vaso nuevo, que no es necesario repararlo si no está roto. Hoy día yo le digo a ella que este es un nuevo día. Le digo que continuemos desde este día en adelante. Y hacer nuevas y mejores memorias para nuestro futuro. Con esto yo le doy a entender que esa situación del pasado, en el pasado yo lo deje. La verdad es que yo nunca he dejado de quererlos a ellos. Que no gano nada espiritual el continuar teniendo rrencor por el pasado. He aprendido a perdonar el daño del pasado. En lo cual aprenderé a DEJAR IR el daño del futuro.

Si al estar físicamente en un lugar el cual no tenemos mucha libertad de salir y situaciones se pueden poner muy delicadas. Podemos tener el control de ignorarlo y dejarlo ir o de dejar que tome espacio en nuestro cerebro y reaccionar ya sea violentamente o aun contestar mal, con insultos o malas palabras. El DEJAR IR ese pensamiento negativo, nos da la oportunidad de crear nuevos conceptos.

DEJAR IR me ayuda a no tener temor de mis pensamientos. Situaciones son pasaderas. Lo importante es de cómo aceptar situaciones dificultosas y de cómo actuar y reaccionar hacia ellas. La herramienta DEJAR IR llega a ser parte de la vida cotidiana. DEJAR IR esta con el piloto automático.

Hoy día yo puedo DEJAR IR de ese pasado que me tenía encadena. Hoy día yo uso la herramienta DEJAR IR para ayudarme a perdonar y seguir adelante.

GOGI POR VIDA

Coach Carranza

Coach Carranza

Gracias por todo familia
GOGI :)

OS. Garcia para mi la herramienta de Asumir Responsabilidad me ha ayudado a reconocer que es vital para mi vida y que Es importante que la tenga en la orden correcta es para verme como una persona valiosa debo estar consciente de dos cosa en mi vida Primero, debo tener importancia propia. Esto quiere decir que debo tener ne la vida un propósito lo suficientemente imprtante como para asumir mi responsabilidad y hacerme sentir que mi vida cuenta para algo. Y segundo, debo tener seguridad y debo asumir mi reponsabilidad de que Esto quiere decir que necesito estar seguro de ser aceptado y amado por alguien importante para mi. es Dios y mi familia y lo deseo para todo el mundo Esta clase de amor de Dios nos da la seguridad que necesitamos todos los seres humanos Hoy dia puedo asumir mi reponsabilidad de ese pasado que me tenia encadenado y Hoy dia yo uso la herramienta asumir reponsabilidad para ayudarme a perdonar y seguir adelante te hace crecer para que seas un mejor ser — humano

Gracias a Dios por todo

GUÍA DE ESTUDIO SEMANAL

(Coordinador, por favor, siempre que sea posible haga una copia de esta guía para distribuir al comienzo de su reunión. Con esta guía, los estudiantes pueden asegurarse de que están aprendiendo los conceptos importantes de la herramienta de esta semana)

Fecha de hoy ___________________________________

Mi nombre ___________________________________

Por favor conteste todas las preguntas. Por favor siéntase en libertad de buscar las respuestas en su libro, debatir con sus compañeros, o preguntar a su coordinador.

1) ¿A qué SECCIÓN DE HERRAMIENTAS corresponde la herramienta de esta semana?

____

____

____

2) ¿Cuáles MESES DEL AÑO están dedicados al estudio de esta herramienta? ___________________________________

____

____

____

____

3) ¿Cuáles SEMANAS DEL AÑO están dedicadas al estudio de esta herramienta? ___________________________________

____

____

____

____

4) ¿Cuáles son las PALABRAS CLAVE de esta herramienta?____

____

____

____

____

5) ¿Cuál es la DECLARACIÓN DE PROPIEDAD para esta herramienta? ____________________________

____

____

____

____

6) Piense acerca de un momento en su vida, ya sea pasado, presente, o futuro, cuando esta herramienta podría serle útil. ¿Cómo usaría esta herramienta? ______________________

____

____

____

____

____

____

____

____

____

____

____

DECLARACIÓN DE PROPIEDAD

PARA-DAR

PARA que yo pueda DAR a otros debo asegurarme que estoy libre de peligros. PARA que pueda DAR, debo sentirme seguro.

Repita la declaración de propiedad de esta semana tan frecuentemente como le sea posible. Antes de levantarse de la cama, antes de sus comidas, durante su tiempo libre y antes de dormirse. Escriba esta declaración para reforzar su interés. Su declaración de propiedad semanal refuerza la herramienta de esta semana.

MI HERRAMIENTA GOGI
PARA-DAR

Las semanas para estudiar PARA-DAR son:

Primera Semana de marzo

Primera Semana de junio

Primera Semana de septiembre

Primera Semana de diciembre

GOGI - MARZO

D L M M J V S

PARA-DAR

Segunda Semana del Mes

Tercera Semana del Mes

Cuarta Semana del Mes

GOGI - JUNIO

D L M M J V S

PARA-DAR

Segunda Semana del Mes

Tercera Semana del Mes

Cuarta Semana del Mes

GOGI - SEPTIEMBRE

D L M M J V S

PARA-DAR

Segunda Semana del Mes

Tercera Semana del Mes

Cuarta Semana del Mes

GOGI - DICIEMBRE

D L M M J V S

PARA-DAR

Segunda Semana del Mes

Tercera Semana del Mes

Cuarta Semana del Mes

PALABRAS CLAVE
PARA-DAR

PARA QUE YO PUEDA DAR, NECESITO ESTAR A DISTANCIA DEL PELIGRO.

Para poder dar, me destrabo del pasado, y encuentro mi libertad interior.

con afecto
Coach Taylor

PARA-DAR

Casi todos confunden la HERRAMIENTA GOGI llamada PARA-DAR con la palabra perdón y perdonar. La herramienta, no obstante, tiene muy poco que ver con el perdón. La herramienta GOGI, PARA-DAR, es acerca de SEGURIDAD. Específicamente a sentirse lo suficientemente seguro para DAR. PARA que usted pueda DAR necesita estar protegido del daño que ha causado o que le han causado.

La HERRAMIENTA GOGI llamada PARA-DAR es acerca de dar, no acerca de perdonar a otros o a usted mismo.

En GOGI sabemos quienes son nuestros mejores estudiantes por su habilidad para describir las herramientas ASUMO RESPONSABILIDAD, DEJAR IR y PARA-DAR. Esto es porque las palabras no tienen nada que ver con los resultados que las herramientas logran. ASUMO RESPONSABILIDAD es acerca de sentirse orgulloso de esta elección de hoy. DEJAR IR es acerca de dejar las emociones fuera del camino para poder tomar decisiones mas positivas. PARA-DAR es acerca de sentirse lo suficientemente seguro para poder dar a otros.

Cuando alguien le pregunte acerca de la herramienta PARA-DAR, asegúrese que responde que no es acerca de perdonar, sino mas bien es acerca de estar lo suficientemente seguro para poder dar a los demás. PARA que usted pueda DAR, debe sentirse seguro.

El arte es un obsequio de Harper

OBJETIVO – PARA-DAR

Esta semana practicará ser el jefe de cuánto puede llevar con usted de los daños y dolores del pasado. Se enfocará en estar protegido de futuros daños PARA poder DAR a otros y hacer de su mundo un mejor lugar. PARA que usted pueda DAR, aprenderá a mantenerse seguro.

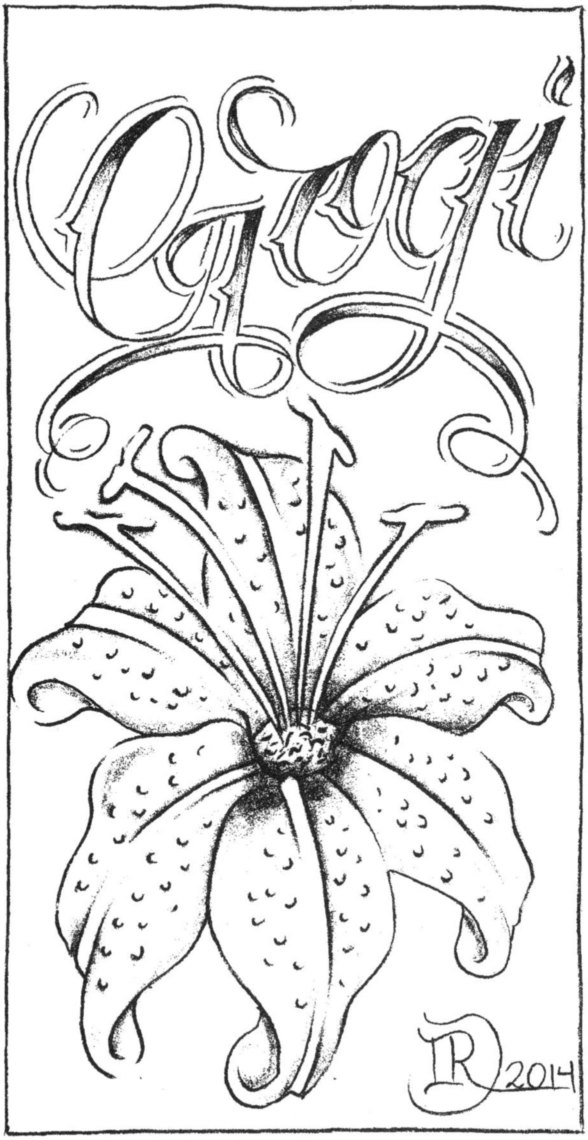

AGENDA – PARA-DAR

A continuación está la guía para la clase/grupo GOGI de 90 minutos de esta semana:

1. Dar Comienzo a la Reunión (1 minuto)
2. Lectura de las Herramientas GOGI (1 minuto)
3. Control/Repaso de la Semana Anterior un breve resumen (10 minutos)
4. Control del Calendario Nacional GOGI ¿Cuál es la herramienta de esta semana? (1 minuto)
5. Lectura y Actividad Para esta herramienta de este capítulo (30 minutos)
6. Debate de Grupo Encontrado en este capítulo (40-50 minutos)
7. Conclusiones Finales (1 minuto)
8. Su Compromiso GOGI y Cierre de la Reunión (2- 5 minutos)

QUÉ SUCEDE SI simplemente DEJO IR, pienso positivo, hablo acerca de ACCIONES POSITIVAS, tomo cinco segundos para recordar JEFE DE MI CEREBRO, ASUMO RESPONSABILIDAD por mis reacciones. CONTROL DE LA REALIDAD perfectamente definido. DAR para recordar que la bendición de Dios es para ser de servicio, lo que lleva a la MÁXIMA LIBERTAD. Gracias GOGI.

Entrenador Eugene C.

INTRODUCCIÓN A LA HERRAMIENTA PARA-DAR

Para que usted sea realmente feliz, tarde o temprano descubrirá que debe dar su tiempo y energía a otros para ayudarlos. Es así como se crea la felicidad duradera. Pero para que usted pueda DAR necesita estar seguro, fuera de peligro. Para que usted sea un individuo DADIVOSO, debe tomar distancia de las adicciones o el abuso. Debe sentirse LO SUFICIENTEMENTE SEGURO PARA PODER DAR.

PARA-DAR como HERRAMIENTA GOGI requiere que usted se ubique en una posición suficientemente segura para poder comenzar a dar a otros.

Al pensar positivo me estoy dando una mayor oportunidad de alcanzar el éxito, me da una sensación de felicidad interior y me ayuda a prepararme para los obstáculos con los que me encuentro.

Anthony L.

CÓMO UTILIZAR – PARA-DAR

Como herramienta, PARA-DAR es acerca de estar lo suficientemente seguro para poder dar. Quiere decir que si el peligro está realmente cerca, debe ir a un lugar seguro. Si su adicción es lo que lo perjudica, necesita ir a la seguridad ofrecida por programas, iglesias, sociedades de sobrios y otros sistemas de apoyo.

Necesita estar suficientemente lejos de la persona o circunstancia que lo perjudica. Es casi imposible perdonar cuando el peligro está allí delante suyo. De hecho, no es sabio ubicar a un alcohólico en un bar, a un adicto cerca de una jeringa, o a un ladrón cerca de joyas desprotegidas. PARA-DAR es acerca de protección. Asegúrese que usted y los que están a su alrededor estén lo suficientemente seguros para DAR y que usted sea la persona DADIVOSA que siempre debió haber sido.

ACTIVIDAD – PARA-DAR

En grupos pequeños, en pares o solo, esta actividad le ayudará a descubrir cómo estar seguro de que está suficientemente fuera de peligro para comenzar a dar a los demás.

1. Comparta una cosa que le resulte difícil perdonar. Puede ser una mentira, que le hayan robado o puede ser algo mas grande que sea difícil para usted perdonar. Puede ser algo que usted haya hecho.
2. Comparta con el grupo si todavía está en riesgo de que esto mismo vuelva a suceder.
3. Converse con el grupo lo que piensa que debería hacer para estar lo suficientemente seguro PARA DAR y PARA comenzar a DAR a otros.
4. Para que usted pueda PARA-DAR, comparta con el grupo qué hará hoy o mañana para dar a otros.

DAR ES LIBERTAD GOGI

JOSHUA W.

GOGI-ismo

DARSE UNA DOSIS DE GOGI

Muchas personas con problemas de adicción quieren y necesitan algo positivo para hacer y ACCIONES POSITIVAS para tomar cuando comienzan a entrar los viejos pensamientos. Cuando se unen a u organizan un Grupo GOGI o utilizan sus Herramientas GOGI para reemplazar sus viejos pensamientos y hábitos con nuevos pensamientos y hábitos, lo llaman DARSE SU DOSIS DE GOGI.

REPASO – PARA-DAR

PARA-DAR es acerca de seguridad y de alejarse lo suficiente del daño PARA comenzar a DAR a otros. Usted realmente no puede prestar un servicio a los demás cuando está eludiendo el peligro o cuando está temiendo volver a ser una víctima. La seguridad es una parte fundamental de estar a cargo de su vida. Y, una vez que se sienta seguro, puede utilizar PARA-DAR para comenzar a DAR y a ser la mejor versión de usted mismo.

respiracion abdominal es la
heramienta que a cambiado mi bida
por que desde que la ponge en practi-
ca, yo y los que me rodean un
notado como e cambiado mi manera
de ser asi que digo a dios al estres
gracias a GOGI). juan jose angulo

GOGI-ismo

UNA SALIDA GOGI

Unos muchachos en la ciudad de Nueva York estaban reunidos estudiando en un Grupo GOGI, pero luego del grupo algunos de los hombres volvieron a sus discusiones e insultos. Uno de los líderes sugirió que para dejar el viejo hábito de la manera en que se trataban unos a otros, lo único que debía hacer la persona era decir, "Estoy tomando una SALIDA GOGI." Esto es el permiso para alejarse de cualquier disputa potencial. Para ellos, una SALIDA GOGI era mas poderosa que permanecer en el conflicto.

PREGUNTAS GRUPALES – PARA-DAR

1. ¿Por qué piensa que la seguridad es tan importante para poder DAR?
2. Enfocarse en su seguridad, ¿le hace pensar de modo diferente de las palabras perdón y perdonar? Por favor explique.
3. ¿En qué es diferente la herramienta PARA-DAR de la acción de perdonar?
4. ¿Pueden todos hallar seguridad? ¿Pueden todos DAR? Por favor explique.

Sin importar cuanto tiempo viajas por el mal camino, ¡siempre puedes darte vuelta y cambiar tu dirección!

El arte es un obsequio de Charlie H.

Poema, por el estudiante GOGI Ryan N.

Tomó 3 P para ser JEFE DE MI CEREBRO.

Tomó la PARTE INTELIGENTE, para

comenzar a reclamar

Para DEJAR IR toda mi vergüenza.

Tomó la PARTE EMOCIONAL para comenzar a DAR.

De un CONTROL DE LA REALIDAD de

QUÉ SUCEDE SI. QUÉ SUCEDE SI tomo

un viejo hábito y doy lugar a una nueva acción.

Tomó RESPIRACIÓN ABDOMINAL para poder

comenzar, a desacelerarme

y ubicarme en un giro positivo.

Porque los PENSAMIENTOS POSITIVOS

llevan a PALABRAS POSITIVAS y allí es donde

comienzan la MÁXIMA LIBERTAD y lo POSITIVO.

Y así es como estoy Entrando para Salir.

Entrenadora CARRANZA

La herramienta EL DAR puede ser un poco confusa. EL DAR es una frase de compasión, la cual puede ser usada como una manera de animar, ya sea a uno mismo y a otras personas. EL DAR ánimo para seguir adelante y enfrentar nuestros temores. Las barreras que hemos creado. Tenemos el poder de DARNOS a nosotros mismos la habilidad de hacer mejores decisiones. EL DAR como poder para compartir la compasión que estamos dispuestos a dar. EL DAR a nosotros mismos la distancia suficiente para apartarnos del daño. EL DAR nos ayuda a separarnos de esas situaciones que ya no son necesarias mantener en nuestras vidas. EL DAR a nosotros mismos la confidencia que creíamos haber perdido.

EL DAR esa misma confidencia a otros, a esas personas a las que hemos visto con sus cabezas agachadas, ya sea por dolor o vergüenza. Cualquiera que fuese el motivo, tenemos el deber de DAR a los demás. Así como Dios nos da la mano cuando se la pedimos con todo corazón y nos la da.

Nosotros tenemos la virtud y la fortaleza de alejarnos y protegernos del daño que situaciones, acciones y palabras puedan traer. EL DAR nos ayuda a desatarnos y nos libera del daño de nuestro pasado. Es el permiso para salir adelante y ponerle un alto al daño futuro.

EL DAR como herramienta GOGI quiere decir que si yo me protejo de algún daño, no habrá una defensa mas poderosa como ESTAR DANDO sin recibir nada a cambio como manera significativa y profunda, ya sea de nuestro ser. Al DAR el perdón a nosotros mismos y a los demás quiere decir estamos dando un poco de nuestro ser.

Hoy día yo decido DAR las personas de mi alrededor la compasión y respeto que me daría a mí misma.

GOGI POR VIDA

Coach Carranza

Coach Carranza

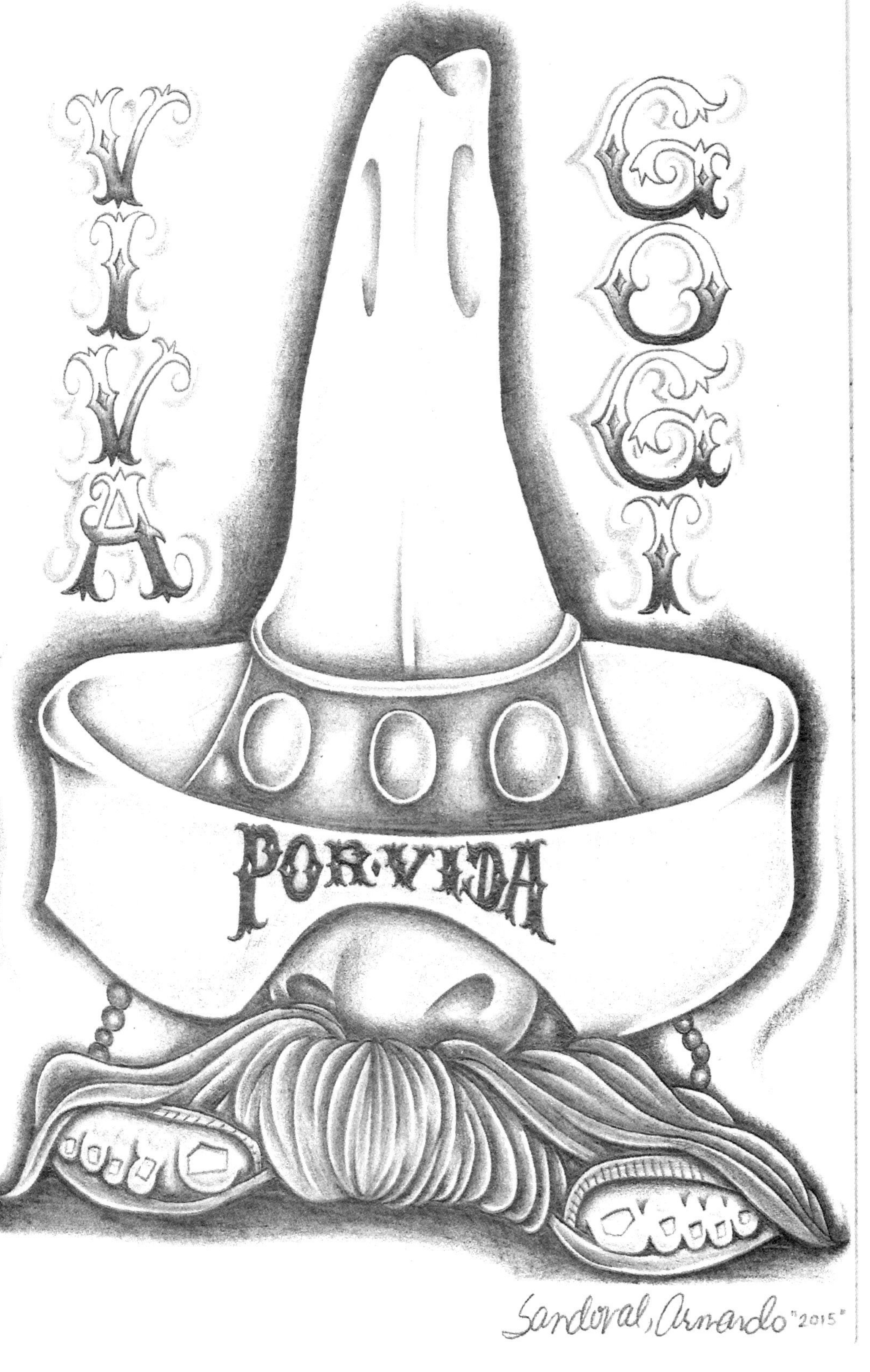
VIVA
GOGI
POR·VIDA
Sandoval, Armando "2015"

GUÍA DE ESTUDIO SEMANAL

(Coordinador, por favor, siempre que sea posible haga una copia de esta guía para distribuir al comienzo de su reunión. Con esta guía, los estudiantes pueden asegurarse de que están aprendiendo los conceptos importantes de la herramienta de esta semana)

Fecha de hoy ___________________________________

Mi nombre ___________________________________

Por favor conteste todas las preguntas. Por favor siéntase en libertad de buscar las respuestas en su libro, debatir con sus compañeros, o preguntar a su coordinador.

1) ¿A qué SECCIÓN DE HERRAMIENTAS corresponde la herramienta de esta semana?

   ____

   ____

   ____

2) ¿Cuáles MESES DEL AÑO están dedicados al estudio de esta herramienta? ___________________________________

   ____

   ____

   ____

   ____

3) ¿Cuáles SEMANAS DEL AÑO están dedicadas al estudio de esta herramienta? ___________________________________

   ____

   ____

   ____

   ____

4) ¿Cuáles son las PALABRAS CLAVE de esta herramienta?____

____

____

____

____

5) ¿Cuál es la DECLARACIÓN DE PROPIEDAD para esta herramienta? _________________________________

____

____

____

____

6) Piense acerca de un momento en su vida, ya sea pasado, presente, o futuro, cuando esta herramienta podría serle útil. ¿Cómo usaría esta herramienta? ______________________

____

____

____

____

____

____

____

____

____

____

____

Dejar ir es la que te ayuda en tu interior...

Aplastarlo en tu mano y tirarlo a un lado.

Dar, la palabra sola parece muy linda pero ėl mejor consejo es alejarse!

Estar seguro lejos del peligro parece que funciona, mantenlo en mente y pasará todas las pruebas.

Ahora QUÉ SUCEDE SI es fantástica en cada cosa que haga. Porque que sucede si lo hace! Terminará en confinamiento solitario :(

Control de la realidad ės el camino que todos tomamos! 10 pasos hacia adelante hasta que cometemos un error y retrocedemos 1 o 2 pasos, no hará tanto daño. Sigue estando 8 pasos adelante y eso es buena suerte.

Vaya, MAXIMA LIBERTAD todos hemos hecho eso aquí, ya sea un sobre, una estampilla o hasta una silla. Las mujeres aquí son generosas. Oremos para que usen las herramientas GOGI cuando estén libres.

Mujeres, prisión del estado de Utah

4

SECCIÓN 4:

Enséñame Cómo Hacer GOGI

HERRAMIENTAS DE CREACIÓN

QUÉ PASARÍA SI
CONTROL DE LA REALIDAD
MÁXIMA LIBERTAD

DECLARACIÓN DE PROPIEDAD

QUÉ PASARÍA SI

QUÉ PASARÍA SI me permite ver posibilidades que de otro modo no advertiría. Hoy me pregunto ¿QUÉ PASARÍA SI no soy mi pasado? ¿QUÉ PASARÍA SI alcanzo mi objetivo? ¿QUÉ PASARÍA SI realmente mejoro mi vida hoy, mañana y el día siguiente?

Repita la declaración de propiedad de esta semana tan frecuentemente como le sea posible. Antes de levantarse de la cama, antes de sus comidas, durante su tiempo libre y antes de dormirse. Escriba esta declaración para reforzar su interés. Su declaración de propiedad semanal refuerza la herramienta de esta semana.

MI HERRAMIENTA GOGI

QUÉ PASARÍA SI

Las semanas para estudiar
QUÉ PASARÍA SI son:

Segunda Semana de marzo

Segunda Semana de junio

Segunda Semana de septiembre

Segunda Semana de diciembre

GOGI - MARZO

D L M M J V S

Primera Semana del Mes

QUÉ PASARÍA SI

Tercera Semana del Mes

Cuarta Semana del Mes

GOGI - JUNIO

D L M M J V S

Primera Semana del Mes

QUÉ PASARÍA SI

Tercera Semana del Mes

Cuarta Semana del Mes

GOGI - SEPTIEMBRE

D L M M J V S

Primera Semana del Mes

QUÉ PASARÍA SI

Tercera Semana del Mes

Cuarta Semana del Mes

GOGI - DICIEMBRE

D L M M J V S

Primera Semana del Mes

QUÉ PASARÍA SI

Tercera Semana del Mes

Cuarta Semana del Mes

PALABRAS CLAVE
QUÉ PASARÍA SI

¿QUÉ PASARÍA SI NO SOY MI PASADO?

NO AL PASADO = SÍ AL FUTURO

con afecto
Coach Taylor

QUÉ PASARÍA SI

La herramienta QUÉ PASARÍA SI requiere que usted se haga esta pregunta, "¿QUÉ PASARÍA SI yo no soy mi pasado?" La mayoría de nosotros nos juzgamos de acuerdo a nuestras decisiones del pasado. Pensamos que lo que hicimos en el pasado nos define, nos hace quienes somos.

Pero piense acerca de esto. Si usted causó un daño en el pasado, ¿por qué querría seguir siendo esa persona hoy? ¿Realmente piensa que definirse a usted mismo por su pasado está ayudando a otros o haciendo del mundo un mejor lugar? ¿Ayuda a su familia o a su compañero de celda que usted se defina de acuerdo a su pasado? Permanecer en el pasado, definiéndose por su pasado, con su conducta dirigida por el pasado, ¿es lo mejor que puede hacer?

La herramienta QUÉ PASARÍA SI requiere que usted vea mas allá de su pasado. ¿QUÉ PASARÍA SI usted no es su pasado? ¿QUÉ PASARÍA SI puede ser un miembro mas positivo de su comunidad? ¿QUÉ PASARÍA SI está haciendo mas daño manteniéndose en su vieja versión y QUÉ PASARÍA SI tuviera la habilidad de ayudar a otros? ¿QUÉ PASARÍA SI su vida tiene un propósito y ese propósito es algo que va mas allá de quedarse atascado en los errores y daños del pasado?

¿QUÉ PASARÍA SI usted es necesario y puede ser una valiosa contribución para la vida de otras personas?

La herramienta QUÉ PASARÍA SI le pide que mire mas allá de su pasado y en cómo podría ser mas positivo en su andar por este mundo. ¿QUÉ PASARÍA SI alguien podría beneficiarse con su ayuda? ¿QUÉ PASARÍA SI alguien necesita una palabra amable? ¿QUÉ PASARÍA SI alguien necesita una carta de aliento? ¿QUÉ PASARÍA SI puede aprender cosas nuevas? ¿QUÉ PASARÍA SI puede entrenar su cerebro para que le obedezca?

Hay muchas preguntas QUÉ PASARÍA SI sin respuestas para que usted explore. ¿Fracasará en ser perfecto? Sí. Nadie es perfecto. ¿Tendrá éxito en algunas cosas y fracasará en otras? Sí. Todos tenemos éxitos y fracasos. ¿QUÉ PASARÍA SI usted va mas allá del temor al fracaso y entra en el QUÉ PASARÍA SI?

¿QUÉ PASARÍA SI usted no es su pasado?

♡ Carl

UTILIZANDO LA HERRAMIENTA QUE PASARIA SI – HE APRENDIDO LO POSITIVO DE LO NEGATIVO PUES YA NO QUIERO COMETER LOS MISMOS ERRORES POR ESO ME PREGUNTO QUE PASARIA SI YO NO UVIESE ACEPTADO UNA CERVESA PUES NO UVIESE BUSCADO MALAS COMPAÑIAS Y MI VIDA UVIESE SIDO DIFERENTE POR ESO YO DIGO QUE VEO LO POSITIVO DE LO NEGATIVO, PUES YA NO BUSCARE MALAS COMPANIAS Y HOY ESTARE RODEADO DE PERSONAS QUE SE QUIERAN SUPERAR Y ESO GRACIAS A DIOS Y GOGI.

BY: FRANCISCO BARAJAS #AE-2807 2016.

OBJETIVO – QUÉ PASARÍA SI

Su objetivo esta semana es ser el jefe de su futuro. Lo logra haciéndose la pregunta QUÉ PASARÍA SI, porque cuando ve el posible resultado hacia el futuro tomará mejores decisiones en el presente. QUÉ PASARÍA SI es la herramienta que puede utilizar para edificar su futuro positivo.

AGENDA – QUÉ PASARÍA SI

A continuación está la guía para la clase/grupo GOGI de 90 minutos de esta semana:

1. Dar Comienzo a la Reunión (1 minuto)
2. Lectura de las Herramientas GOGI (1 minuto)
3. Control/Repaso de la Semana Anterior un breve resumen (10 minutos)
4. Control del Calendario Nacional GOGI ¿Cuál es la herramienta de esta semana? (1 minuto)
5. Lectura y Actividad Para esta herramienta de este capítulo (30 minutos)
6. Debate de Grupo Encontrado en este capítulo (40-50 minutos)
7. Conclusiones Finales (1 minuto)
8. Su Compromiso GOGI y Cierre de la Reunión (2- 5 minutos)

ES MAS FÁCIL PARA MI CUANDO UTILIZO ESTA HERRAMIENTA PARA LAS COSAS PEQUEÑAS. POR EJEMPLO, HOY ALGUIEN ME MALDIJO PORQUE PENSÓ QUE YO LE HABÍA DICHO ALGO MALO. YO SÉ QUE NO DIJE NADA NI A EL NI A NADIE. DECIDÍ NO RESPONDER NADA EN RESPUESTA NI REACCIONAR NEGATIVAMENTE HACIA EL.

JOSÉ R.

INTRODUCCIÓN A LA HERRAMIENTA – QUÉ PASARÍA SI

La herramienta QUÉ PASARÍA SI es muy interésante porque le da un vistazo de lo que podría ser posible.

Puede utilizar QUÉ PASARÍA SI para lo negativo, para evitar resultados negativos. También puede utilizar QUÉ PASARÍA SI para lo positivo, para descubrir nuevas posibilidades.

QUÉ PASARÍA SI es su habilidad de mirar hacia el futuro y ver el posible resultado de cualquier acción que toma.

Con esta habilidad, puede determinar objetivos para usted mismo y ver claramente el beneficio de trabajar hacia un resultado positivo. ¿QUÉ PASARÍA SI usted no es su pasado?

Esta pregunta fundamental ¡lo libera para convertirse en un beneficio para la sociedad debido a su pasado! ¿QUÉ PASARÍA SI usted es necesario como la solución?

El arte es un obsequio de Francisco V.

CÓMO UTILIZAR – QUÉ PASARÍA SI

Usted puede utilizar la Herramienta GOGI QUÉ PASARÍA SI para cada cosa que haga durante el día. ¿QUÉ PASARÍA SI se despierta temprano? ¿QUÉ PASARÍA SI no se despierta temprano? ¿QUÉ PASARÍA SI va a esa reunión? ¿QUÉ PASARÍA SI no va?

QUÉ PASARÍA SI lo coloca a usted a cargo porque cada minuto del día usted está eligiendo lo que quiere apoyar en su vida. Está controlando los posibles resultados con la herramienta QUÉ PASARÍA SI y está declarando con claridad la dirección de su vida de ahora en adelante.

QUÉ PASARÍA SI puede permitirle tener un vistazo del futuro. Puede decir "¿QUÉ PASARÍA SI no voy a esa reunión y comienzo a pensar acerca de la bebida?" y también puede decir, "¿QUÉ PASARÍA SI voy a la reunión y puedo sentarme con otras personas que están en caminos positivos?"

QUÉ PASARÍA SI le da una imagen de lo que es muy probable que suceda con su decisión.

El arte es un obsequio de Juan J.

ACTIVIDAD – QUÉ PASARÍA SI

En grupos o solo, esta actividad es interésante porque le permitirá ver nuevas posibilidades para usted y para los demás.

1. Una persona a la vez, declara un QUÉ PASARÍA SI positivo. Por ejemplo, "¿QUÉ SUCEDE SI bebo agua en lugar de cerveza por el resto de mi vida?" o "¿QUÉ SUCEDE SI vuelvo a estudiar y me gradúo?"
2. El grupo responde con posibles resultados. Por ejemplo, "Entonces permanecerías sobrio y no tendrías tantos problemas."
3. Repita esto hasta que cada miembro del grupo pueda declarar 3 o 4 de sus QUÉ PASARÍA SI y que el grupo responda con resultados positivos.

A continuación, otra actividad QUÉ PASARÍA SI

1. Escriba varias situaciones QUÉ PASARÍA SI en trozos de papel. Mezclar todos lo papeles.
2. Pídale a cada miembro del grupo que tome un papel y lo lea.
3. Luego cada miembro proyecta los posibles resultados de ese QUÉ PASARÍA SI.

GOGI-ismo

HERRAMIENTAS DE CREACIÓN

Cuando usted entiende el poder de QUÉ PASARÍA SI, CONTROL DE LA REALIDAD, y MÁXIMA LIBERTAD, está creando la vida mas poderosa posible. Los estudiantes GOGI le pusieron el nombre de HERRAMIENTAS DE CREACIÓN a esta sección de herramientas como resultado del poder que ahora tiene acerca de cómo responder a los desafíos inevitables de la vida.

With Love
Gogi
100
100
100
Wishing you
delightful surprises
& to make you smile
and a world of sunshine
to warm your heart.
Armando Sandoval

REPASO – QUÉ PASARÍA SI

QUÉ PASARÍA SI es su manera de ver los posibles resultados de cualquier situación. Con QUÉ PASARÍA SI puede ver lo que sucederá si bebe o se enoja, porque usted puede ver sus propias acciones y reacciones, como también cómo las otras personas reaccionan a sus elecciones.

Con QUÉ PASARÍA SI también puede ver lo que puede suceder si sus elecciones son positivas. Puede ver lo que puede suceder si se alimenta de manera saludable, bebe mas agua, camina mas, asiste a mas reuniones positivas. Con QUÉ PASARÍA SI, puede ver el lado positivo de abandonar un cigarrillo y hacer una caminata.

QUÉ PASARÍA SI es como ser el director de su propia película. Con sus elecciones usted crea cada escena y cómo elige responder a los otros en su película.

El arte es un obsequio de Rodriquez

PREGUNTAS GRUPALES – QUÉ PASARÍA SI

1. ¿Cómo es QUÉ PASARÍA SI una buena herramienta para darse cuenta de los resultados de una acción?
2. ¿Cómo puede QUÉ PASARÍA SI ayudarle a planear su futuro?
3. ¿Cómo puede QUÉ PASARÍA SI evitar que tome decisiones negativas?
4. ¿QUÉ PASARÍA SI ayuda a personas con adicciones? ¿Cómo?
5. ¿Piensa que QUÉ PASARÍA SI es una buena herramienta para enseñar a los niños? ¿Por qué?

El arte es un obsequio de GOGI Girls of Dublin, CA

Entrenadora CARRANZA

!QUE TAL SI! Esta herramienta me gusta mucho y la uso frecuentemente sin pensarlo dos veces. Esta herramienta ayuda a analizar las consecuencias de las acciones que estamos a punto de hacer. Es como predecir el futuro sin una bola mágica. ¡QUÉ PASARÍA SI! Nos ayuda a prevenir el daño o mal estar que nosotros podríamos causar a nosotros mismos o a las demás personas. Si tuviéramos esa bola mágica para saber nuestro futuro, es segura que todos la usaríamos. La herramienta ¡QUÉ PASARÍA SI! trabaja casi igual.

Supongamos que nuestro compañero de cuarto nos está irritando de alguna manera. La persona que antes fuimos podría haber reaccionado de alguna manera violenta. La persona que hoy somos usa la herramienta ¡QUÉ PASARÍA SI! Antes de reaccionar nos ponemos a pensar de lo que nos pasaría a nosotros, puede ser que el guardia nos castigue, tal vez nos manda a la sección solitaria. Si estamos a punto de hacer algo incorrecto ¡QUÉ PASARÍA SI! Es como si nuestra conciencia analizara la situación.

La herramienta ¡QUÉ PASARÍA SI! Puede ser muy eficaz para las personas que son impulsivas, las asustadas, las asustadas aun cuando se les pueda ser un poco difícil el superar las emociones que ellas crean que son urgentes.

Hoy día uso la herramienta ¡QUÉ PASARÍA SI! Para ayudarme a no tomar decisiones impulsivas.

Hoy día uso la herramienta ¡QUÉ PASARÍA SI! Para ayudarme a

controlar las emociones que puedan nublar mi habilidad de hacer decisiones positivas.

GOGI POR VIDA

Coach Carranza

El arte es un obsequio de Harper

GUÍA DE ESTUDIO SEMANAL

(Coordinador, por favor, siempre que sea posible haga una copia de esta guía para distribuir al comienzo de su reunión. Con esta guía, los estudiantes pueden asegurarse de que están aprendiendo los conceptos importantes de la herramienta de esta semana)

Fecha de hoy ______________________________

Mi nombre ______________________________

Por favor conteste todas las preguntas. Por favor siéntase en libertad de buscar las respuestas en su libro, debatir con sus compañeros, o preguntar a su coordinador.

1) ¿A qué SECCIÓN DE HERRAMIENTAS corresponde la herramienta de esta semana?

____

____

____

2) ¿Cuáles MESES DEL AÑO están dedicados al estudio de esta herramienta? ______________________________

____

____

____

____

3) ¿Cuáles SEMANAS DEL AÑO están dedicadas al estudio de esta herramienta?______________________________

____

____

____

____

4) ¿Cuáles son las PALABRAS CLAVE de esta herramienta?____

____

____

____

____

5) ¿Cuál es la DECLARACIÓN DE PROPIEDAD para esta herramienta? ______________________________

____

____

____

____

6) Piense acerca de un momento en su vida, ya sea pasado, presente, o futuro, cuando esta herramienta podría serle útil. ¿Cómo usaría esta herramienta? ____________________

____

____

____

____

____

____

____

____

____

____

____

CONTROL DE LA REALIDAD

Se que voy a cometer errores a lo largo del camino, pero CONTROL DE LA REALIDAD me permite corregir mis errores rápidamente. Hoy me comprometo a volver al camino correcto con CONTROL DE LA REALIDAD cuando hago algo que no es perfecto.

Repita la declaración de propiedad de esta semana tan frecuentemente como le sea posible. Antes de levantarse de la cama, antes de sus comidas, durante su tiempo libre y antes de dormirse. Escriba esta declaración para reforzar su interés. Su declaración de propiedad semanal refuerza la herramienta de esta semana.

MI HERRAMIENTA GOGI

CONTROL DE LA REALIDAD

Las semanas para estudiar CONTROL DE LA REALIDAD son

Tercera Semana de marzo

Tercera Semana de junio

Tercera Semana de septiembre

Tercera Semana de diciembre

PALABRAS CLAVE
CONTROL DE LA REALIDAD
LA REGLA DE LOS DIEZ Y DOS

Diez pasos hacia adelante y dos pasos hacia atrás, siguen siendo ocho pasos hacia adelante.

con afecto Coach Taylor

CONTROL DE LA REALIDAD

Lo mas desafortunado de ser un ser humano, es que somos humanos. Los humanos son propensos a los errores y a veces los humanos cometen los mismos errores una y otra vez.

Es por eso que la herramienta CONTROL DE LA REALIDAD es tan importante. CONTROL DE LA REALIDAD le ayuda a darse cuenta de que usted no es perfecto, nunca será perfecto y sufrirá siempre que demande perfección de usted mismo o de los demás. Usted es humano y los humanos estamos en modo de práctica, no en modo de perfección.

CONTROL DE LA REALIDAD le permite recuperarse mas rápido de los inevitables errores que comete. Y, CONTROL DE LA REALIDAD le permite sentir mas compasión hacia otras personas que cometen errores y a quienes tenía bajo juicio. Cuando usted puede ver la vida utilizando la herramienta CONTROL DE LA REALIDAD obtiene la habilidad de volver mas rápido al camino correcto y también a no condenar tan rápido a otros por los errores que cometen.

CONTROL DE LA REALIDAD le hace poner el foco en sus éxitos y volver a tener mas éxitos tan pronto como sea posible. Cuando usted camina diez pasos hacia adelante, ha avanzado diez pasos. Si retrocede dos pasos, puede ser algo terrible, ubicándolo en un gran peligro, pero usted tiene CONTROL DE LA REALIDAD. Utilizando la herramienta CONTROL DE LA REALIDAD, usted se enfoca en lo positivo. Diez pasos hacia adelante y dos pasos para atrás siguen siendo ocho pasos hacia adelante.

Con CONTROL DE LA REALIDAD usted mide sus progresos, no los inevitables tropiezos a lo largo del camino.

♡ Coach

GOGI ES PARA MI, COMO LA ESTRELLA QUE NOS ILUMINA Y QUE NOS GUIA, Y NOS MUESTRA, EL CAMINO, DEL BUEN PROPOCITO, DEL CONTROL, DE LA REALIDAD, DE LA VIDA. PARA CONSTRUIR UNA NUEBA NATURALESA, Y HABITOS HERRAMIENTA GOGI, PARA UN MEJOR FUTURO, LLENO DE PAZ, SALUD, AMOR, PARA HOY, MAÑANA Y SIEMPRE.

H. GUTIÉRREZ

Control de la Realidad

El arte es un obsequio de Harper

GOGI ha crecido y ha cambiado a muchas personas aquí en esta institución y me siento muy feliz y orgulloso de ser parte de esto.

Dios les bendiga y gracias por todo lo que han hecho por mi y por muchos otros, que como yo, estaban buscando un cambio.

¡GOGI por Vida!

Carlos A.

Pagiña 59 Como Hacer GOGI

CHEQUEO DE LA REALIDAD

GOGI en un Instante — Palabras Claves

CHEQUEO DE LA REALIDAD

* REGLA DE DIEZ Y DOS *

- Diez pasos pasos para enfrente.
- y Dos pasos para atras
- Aun es Ocho pasos para adelante

CHEQUEO DE LA REALIDAD es tu herramienta para cuando te equivocas, Cometes un error, o caes victima a la tentación para hacer algo negativo. CHEQUEO DE LA REALIDAD tambien te ayuda a tener compasión para las debilidades de otras. CHEQUEO DE LA REALIDAD trabaja haci:

1. Reconoce: Yo Cometi un error.
2. Considera: Hay muchas veces que no me equivoco. Yo ya progrese. Me va muy bien, mejor que nunca.
3. Entiende: Un error no borra todo lo bueno. Yo entiendo que el bien que yo aun es un bien que yo hise.
4. Accion: Ahora, en este momento, puedo escoger mas bien, agregar a mi lista de cosas buenas que he hecho.
5. Comprometerse: Yo me comprometo a acciones positivas en este momento. Estoy de regreso en el buen camino.

♥ CHEQUEO DE LA REALIDAD es la herramienta perfecta si Verguenza, auto-aborrecimiento, pena, desanimado, an sido tu patron. Tu no eres y nunca seras perfecta, asi que superalo y comprometete a ser mejor ahora que ayer, y mejor mañana que hoy. CHEQUEO DE LA REALIDAD significa que aceptas el hecho que eres humano, pero que estas Comprometido a ser el mejor humano que puedas ser.

GOGI POR VIDA ASIDO Y ES UNA HERRAMIENTA ESPECIAL PARA LA VIDA COTIDIANA POR QUE AL APLICAR GOGI SIEMPRE EN TU VIDA SERAS MEJOR PERSONA Y MEJOR SER HUMANO AMI ME AYUDA MUCHO COMO SER MEJOR SER HUMANO ASI QUE SOLAMENTE ME QUEDA DAR LE GRACIAS A GOGI Y ATODAS LAS PERSONAS QUE ESTAN ATRAS DE GOGI GRACIAS.

Jorge Jimenez

OBJETIVO – CONTROL DE LA REALIDAD

Su objetivo esta semana es darse cuenta de que usted es un ser humano y que cometerá errores, pero eso no significa que no tendrá éxito. La herramienta de esta semana, CONTROL DE LA REALIDAD, le permite ser el jefe y recuperarse rápidamente de malas decisiones.

AGENDA – CONTROL DE LA REALIDAD

A continuación está la guía para la clase/grupo GOGI de 90 minutos de esta semana:

1. Dar Comienzo a la Reunión (1 minuto)
2. Lectura de las Herramientas GOGI (1 minuto)
3. Control/Repaso de la Semana Anterior un breve resumen (10 minutos)
4. Control del Calendario Nacional GOGI ¿Cuál es la herramienta de esta semana? (1 minuto)
5. Lectura y Actividad Para esta herramienta de este capítulo (30 minutos)
6. Debate de Grupo Encontrado en este capítulo (40-50 minutos)
7. Conclusiones Finales (1 minuto)
8. Su Compromiso GOGI y Cierre de la Reunión (2- 5 minutos)

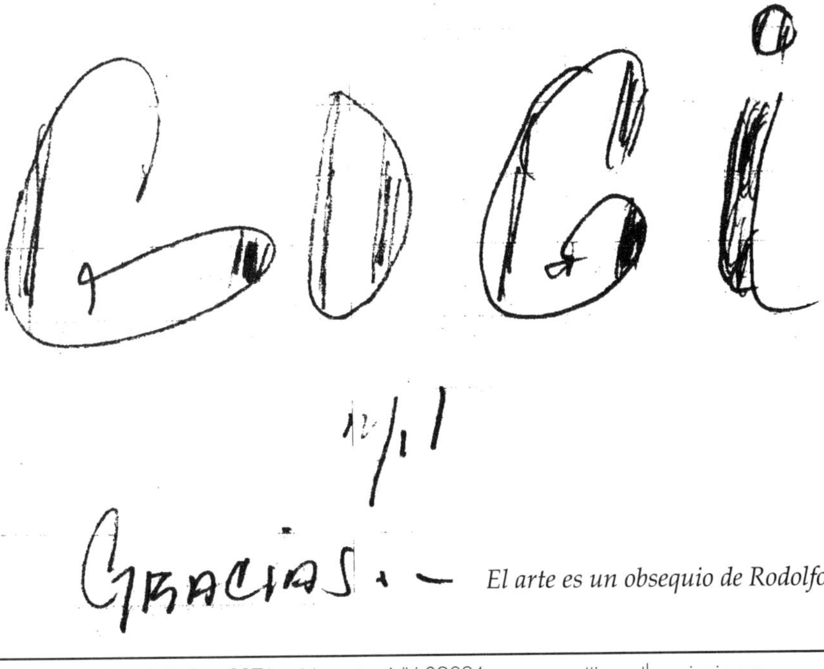

El arte es un obsequio de Rodolfo R.

INTRODUCCIÓN A LA HERRAMIENTA – CONTROL DE LA REALIDAD

La realidad es que usted es un ser humano. Usted no es perfecto. Tomará malas decisiones. GOGI sabe y acepta que los seres humanos toman malas decisiones. Sin embargo, GOGI se da cuenta que los seres humanos no tienen que permanecer en el hábito de tomar malas decisiones.

Si usted avanza diez pasos y retrocede dos, igual avanzó ocho pasos. Con GOGI, CONTROL DE LA REALIDAD se enfoca en lo BUENO y en el PROGRESO mas que en las malas decisiones.

Mientras siga siendo humano, podrá tomar malas decisiones, pero su habilidad para volver pronto al camino correcto es su CONTROL DE LA REALIDAD.

CUANDO CONOCI ESTA HERRAMIENTA LLEGE A COMPRENDER QUE NO IMPORTA LAS VECES QUE CAIGA, SI NO CUANTAS VECES ME PUEDA LEVANTAR.

¡GOGI ES MI VITAMINA!

J. FAJARDO

CÓMO UTILIZAR – CONTROL DE LA REALIDAD

Usted puede utilizar CONTROL DE LA REALIDAD con los demás y con usted mismo. En lugar de enfocarse en las malas decisiones, se enfoca en los progresos.

Enfóquese en lo positivo. Así le será mas fácil sobreponerse a los desalientos que se producen naturalmente cuando tomamos malas decisiones.

Dígase a usted mismo, "Diez pasos hacia adelante y dos pasos para atrás, siguen siendo ocho pasos hacia adelante." Esto le recordará que está avanzando y le dará su CONTROL DE LA REALIDAD.

ACTIVIDAD – CONTROL DE LA REALIDAD

En grupos pequeños, en pares o solo, esta actividad le dará el poder que necesita para tomar decisiones mas positivas.

1. Escriba una lista o diga cinco cosas que haya hecho que son positivas.

2. Ahora diga una cosa que haya hecho recientemente que fue negativa.

3. Repita enumerando o declarando las cinco cosas, o cinco cosas adicionales que haya hecho en el pasado que sean positivas.

4. Escriba o pronuncie esta declaración, "Diez pasos hacia adelante y dos pasos para atrás, siguen siendo ocho pasos hacia adelante. Mi CONTROL DE LA REALIDAD me muestra que me estoy moviendo en la dirección correcta."

Esta actividad alentará a todos los miembros del grupo a tener mas compasión pos si mismos y por los demás.

CONTROL DE LA REALIDAD ES QUERER CONSTRUIR UN MEJOR FUTURO Y PROPOCITO DE MI NUEVA VIDA Y llEVAR EN MI COMO NATURALESA LA HERRAMINTA GOGI, PARA HOY, MAÑANA Y SIEMPRE.

F. LOPEZ-CASTIllO

Disfruto y amo esta herramienta porque sé que puedo hacer un programa positivo y hacer lo que debo hacer y cuando tengo una recaída, lo acepto, porque esta herramienta ayuda a comprender que caer un poco no altera el programa positivo que haz estado recorriendo. De todos modos has avanzado y puedes volver al camino correcto y avanzar mas allá de la caída, como lo dice la herramienta (diez pasos hacia adelante, dos hacia atrás) sigo estando ocho pasos hacia adelante.

Michael V.

El arte es un obsequio de Erlinda

REPASO – CONTROL DE LA REALIDAD

Con CONTROL DE LA REALIDAD puede darse cuenta de que usted es humano, pero no tiene por qué ser definido por sus malas elecciones. En su lugar, puede ser definido por sus logros.

CONTROL DE LA REALIDAD reconoce que usted es humano, que no es perfecto y que no hay ninguna razón por la que no pueda tomar la decisión perfecta ahora mismo.

CONTROL DE LA REALIDAD le da la regla de 10 y 2. Recuérdela. Lo mantendrá seguro para no volver a resbalar por esa pendiente hacia otra mala aventura. Diez pasos hacia adelante y dos pasos para atrás, siguen siendo ocho pasos hacia adelante. La regla 10 y 2 le será muy útil durante el proceso de crear una vida positiva.

Los momentos mas tristes son cuando GOGI se entera que un estudiante GOGI que recuperó la libertad, anduvo bien por un tiempo, pero después, porque se sintieron avergonzados, desaparecieron del radar. Luego, en poco tiempo recibimos de ellos una carta muy emotiva desde la cárcel. CONTROL DE LA REALIDAD ayuda a detener esto antes de que el torbellino esté fuera de control.

La herramienta "Control De Realidad" me ayudo mucho, pues me di cuenta que todos como seres humanos cometemos herrores y pues algunos cometemos herrores mas grandes que otras personas, pero todos los seres humanos cometemos herrores. Lo importante es tratar de corazon hacer menos herrores y ofrecer disculpas cuando se que yo estube mal. Al tratar sinceramente de utilizar esta herramienta evite cometer herrores mayores que pudieron afectar mi vida mucho. Usando la regla 10-2 se que cometere errores pequeños pues soy ser humano, pero yo evite errores mayores y aunque retroceda 2 pasos hacia atras con los 10 que di hacia adelante avance 8 pasos y poco a poco soy un mejor ser humano, tomando mejores decisiones poco a poco.

Jaires Perez

PREGUNTAS GRUPALES

1. ¿Por qué piensa que muchas personas se rinden cuando cometen un error?
2. ¿Por qué piensa que CONTROL DE LA REALIDAD es una buena herramienta para esas personas?
3. ¿Cómo puede utilizar CONTROL DE LA REALIDAD como una herramienta GOGI?
4. ¿Cómo es tener un control de la realidad diferente a utilizar la HERRAMIENTA GOGI llamada CONTROL DE LA REALIDAD ?
5. ¿Qué significa para usted ocho pasos hacia adelante?

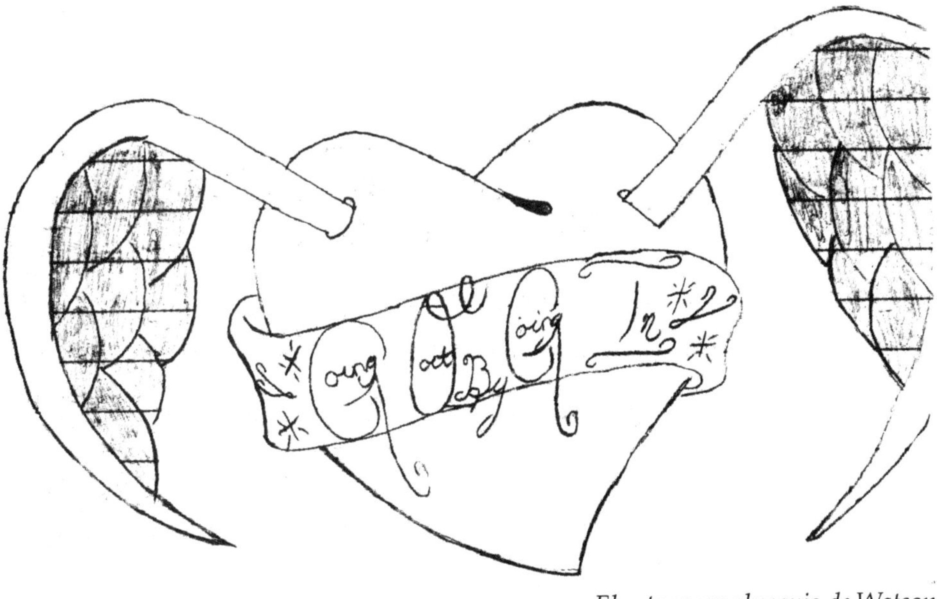

El arte es un obsequio de Watson

Entrenadora CARRANZA

CONTROL DE LA REALIDAD es la herramienta que nos ayudara en el caso que tengamos pensamientos negativos que nos causarían una recaída, cometamos un error, y nos estemos dando por vencidos. Nos ayuda a enfocarnos y mantenernos en el camino correcto. CONTROL DE LA REALIDAD nos ayuda a reconocer todo lo bueno que hemos hecho en el pasado, aunque tengamos alguna recaída. En el caso que cometamos el error, tenemos que recordar los pasos que hemos dado hacia adelante aunque hubiéramos retrocedido dos o tres pasos. CONTROL DE LA REALIDAD nos ayuda a reconocer que podemos levantarnos sacudirnos y seguir adelante. Nos ayuda a no darnos por vencidos tan fácilmente. Nos ayuda a ser mas felices, sanos y sobrios continuando en el camino el cual nos hemos propuesto tomar para una vida mejor.

CONTROL DE LA REALIDAD nos ayuda a analizar la situación que estemos enfrentando en este momento. Nos hace preguntarnos a nosotros mismos cual será el resultado de la decisión que tomaremos, si es positiva, productiva y poderosa. CONTROL DE LA REALIDAD nos ayuda a no ser víctimas de nosotros mismos. Sabemos muy bien que no somos perfectos, y que muchas veces nuestro ego o vanidad se ponen en nuestro camino, o será que somos nosotros los ponemos allí. CONTROL DE LA REALIDAD es como un colchón, que cuando caemos amortigua el golpe y no nos dañamos mucho. Pero no es una excusa para cometer un error.

CONTROL DE LA REALIDAD también nos ayuda a reconocer los errores de los demás, y poder tener esa compasión y de no juzgar.

Como herramienta GOGI, yo uso CONTROL DE LA REALIDAD diariamente. Yo sé muy bien que no soy perfecta y que nunca lo seré. Pero si trato lo mejor posible de mantenerme en el camino correcto, aunque frecuentemente enfrento obstáculos un poco difíciles, pero sin embargo yo no me doy por vencida. Y estoy segura que si tú estás leyendo este libro, tampoco te estás dando por vencido(a).

GOGI POR VIDA

Coach Carranza

El arte es un obsequio de the GOGI Girls

GUÍA DE ESTUDIO SEMANAL

(Coordinador, por favor, siempre que sea posible haga una copia de esta guía para distribuir al comienzo de su reunión. Con esta guía, los estudiantes pueden asegurarse de que están aprendiendo los conceptos importantes de la herramienta de esta semana)

Fecha de hoy ____

Mi nombre ____

Por favor conteste todas las preguntas. Por favor siéntase en libertad de buscar las respuestas en su libro, debatir con sus compañeros, o preguntar a su coordinador.

1) ¿A qué SECCIÓN DE HERRAMIENTAS corresponde la herramienta de esta semana?

   ____

   ____

   ____

2) ¿Cuáles MESES DEL AÑO están dedicados al estudio de esta herramienta? ______________________

   ____

   ____

   ____

   ____

3) ¿Cuáles SEMANAS DEL AÑO están dedicadas al estudio de esta herramienta? ______________________

   ____

   ____

   ____

   ____

4) ¿Cuáles son las PALABRAS CLAVE de esta herramienta?____

5) ¿Cuál es la DECLARACIÓN DE PROPIEDAD para esta herramienta? ____

6) Piense acerca de un momento en su vida, ya sea pasado, presente, o futuro, cuando esta herramienta podría serle útil. ¿Cómo usaría esta herramienta? ____

DECLARACIÓN DE PROPIEDAD
MÁXIMA LIBERTAD

MÁXIMA LIBERTAD

Yo creo MÁXIMA LIBERTAD para mi mismo cuando vivo de la MANERA GOGI. A través de mi servicio, tengo MÁXIMA LIBERTAD.

Repita la declaración de propiedad de esta semana tan frecuentemente como le sea posible. Antes de levantarse de la cama, antes de sus comidas, durante su tiempo libre y antes de dormirse. Escriba esta declaración para reforzar su interés. Su declaración de propiedad semanal refuerza la herramienta de esta semana.

MI HERRAMIENTA GOGI

MÁXIMA LIBERTAD

Las semanas para estudiar MÁXIMA LIBERTAD son:

Cuarta Semana de marzo

Cuarta Semana de junio

Cuarta Semana de septiembre

Cuarta Semana de diciembre

PALABRAS CLAVE
MÁXIMA LIBERTAD

SER LIBRE DEPENDE DE MI

Vivir una vida de servicio me otorga MÁXIMA LIBERTAD

con afecto
Coach Taylor

MÁXIMA LIBERTAD

MÁXIMA LIBERTAD es la herramienta que pone todo junto en su vida. Las otras herramientas le ayudan a prepararse a vivir su vida en MÁXIMA LIBERTAD. Esta herramienta establece que cuando usted vive su vida al servicio de los demás, encontrará un tipo de libertad que nunca nadie podrá quitarle. Encontrará la MÁXIMA LIBERTAD que sólo experimentan aquellos que viven una vida de servicio.

Las otras herramientas le ayudan a prepararse para vivir el tipo de vida que le dará grandes niveles de libertad. Las otras herramientas le despejan el camino. Sin las otras herramientas, el peso del pasado y de las malas decisiones se interpondrán en el camino de su deseo de servir. Esto es porque usted sigue cargando con el peso de las malas decisiones, que le obstaculizan la libertad que necesita para vivir su vida de servicio.

MÁXIMA LIBERTAD no es acerca de regalar cosas, o de ayudar completamente a los demás todo el tiempo. MÁXIMA LIBERTAD es acerca de dar del excedente que usted ha creado en su vida espiritual y emocional porque ha podido liberarse de las malas decisiones y del dolor del pasado.

Puede practicar lo que es sentir MÁXIMA LIBERTAD haciendo una sola cosa buena por alguien, sin que esa persona lo sepa. Cuando usted lo haga, experimentará una pequeña muestra, un anticipo de cómo será vivir su vida entera al servicio de aquellos que permanecen ciegos o aplastados por las circunstancias de la vida.

MÁXIMA LIBERTAD declara, "Ser libre depende de mi", y esto es completamente cierto. Escoger levantarse cada mañana y vivir al servicio de los demás es su elección, depende de usted.

OBJETIVO – MÁXIMA LIBERTAD

Su objetivo esta semana es practicar crear libertad es su vida haciendo cosas buenas, aun cuando nadie lo esté viendo.

***MÁXIMA LIBERTAD** es la herramienta de esta semana; y usted puede ser el jefe de su nivel de libertad cuando practica **MÁXIMA LIBERTAD** cada día.*

El arte es un obsequio de Xavier H.

AGENDA – MÁXIMA LIBERTAD

A continuación está la guía para la clase/grupo GOGI de 90 minutos de esta semana:

1. Dar Comienzo a la Reunión (1 minuto)
2. Lectura de las Herramientas GOGI (1 minuto)
3. Control/Repaso de la Semana Anterior un breve resumen (10 minutos)
4. Control del Calendario Nacional GOGI ¿Cuál es la herramienta de esta semana? (1 minuto)
5. Lectura y Actividad Para esta herramienta de este capítulo (30 minutos)
6. Debate de Grupo Encontrado en este capítulo (40-50 minutos)
7. Conclusiones Finales (1 minuto)
8. Su Compromiso GOGI y Cierre de la Reunión (2- 5 minutos)

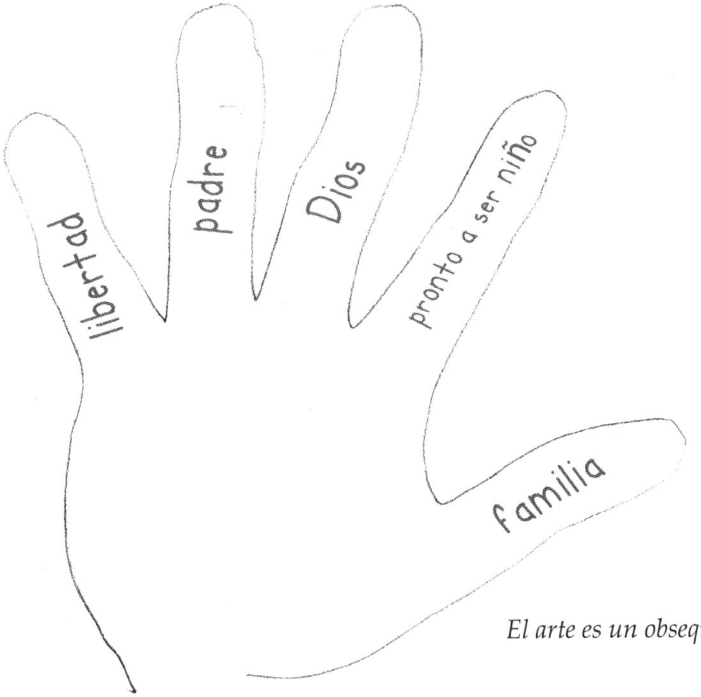

El arte es un obsequio de Naana

INTRODUCCIÓN A LA HERRAMIENTA – MÁXIMA LIBERTAD

La MÁXIMA LIBERTAD es una sensación dentro de usted mismo que ninguna persona o situación le puede quitar. MÁXIMA LIBERTAD también es algo que usted está a cargo de crear para usted mismo. Y, MÁXIMA LIBERTAD está disponible para todos, no sólo para algunas personas que tienen algo que usted no tiene.

MÁXIMA LIBERTAD es la libertad que se obtiene cuando usted decide vivir su vida al servicio de los demás. Cuando escoge vivir su vida para algo mas que sus propios deseos y necesidades, comienza a sentir las pequeñas chispas de MÁXIMA LIBERTAD.

El arte es un obsequio de Harper

CÓMO UTILIZAR – MÁXIMA LIBERTAD

Usted puede utilizar la herramienta MÁXIMA LIBERTAD en cualquier momento. Todo lo que necesita hacer es enfocar su atención en estar al servicio de los demás y ayudar a hacer que una situación mejore.

Usted utiliza MÁXIMA LIBERTAD haciendo una ACCIÓN POSITIVA que ayuda a otra persona. Cuando practica este tipo de vida por suficiente tiempo, descubrirá que está viviendo su vida cada día con MÁXIMA LIBERTAD, y su vida será verdaderamente, para siempre, sumamente feliz.

Esta programa me cambio mi vida por lo mejor. Por una vez en mi vida me siento en paz con yo mismo. Si tu quieres a cambiar y no quieres a vivir una vida de crimen esta programa va a udar te. Gracias a esta programa mi vida cambio por lo bueno.

GOGI Leader
PVSP-CA

CUANDO LES EXPLICO ACERCA DE GOGI A MIS AMIGOS O COMPAÑEROS, SIEMPRE RECIBO UNA MIRADA FRÍA, PERO CUANDO ME PREGUNTAN POR QUÉ SIEMPRE ESTOY SONRIENTE O HUMILDE, LES EXPLICO LAS 12 HERRAMIENTAS DE GOGI Y CÓMO ME HAN AYUDADO A LIDIAR CON CIERTAS SITUACIONES DE MI VIDA, LE DEDICO MI TIEMPO A GOGI, LES EXPLICO A TODOS, QUE TODOS NECESITAMOS A ALGUIEN QUE NOS ALIENTE A TOMAR MEJORES DECISIONES EN NUESTRA VIDA.

ENTRENADOR DONIVAN

ACTIVIDAD – MÁXIMA LIBERTAD

Posiblemente encuentre que esta actividad es muy gratificante. Pregunte a los miembros del grupo qué harían en cada situación. Después de que digan lo que harían, pregúnteles cómo se sentirían realizando esa acción.

1. Un señor mayor le está poniendo gasolina a su auto. Se da vuelta y tropieza con la manguera de la gasolina. ¿Qué hace usted? ¿Cómo se siente haciendo eso?
2. Una niña se está dirigiendo hacia un callejón que usted sabe que es peligroso, y no parece que ella supiera hacia donde está tiendo. ¿Qué hace usted? ¿Cómo se siente haciendo eso?
3. Un niño pequeño está perdido en un negocio y está llorando. Usted no ve ni a su madre ni a su padre, ni a nadie alrededor. ¿Qué hace usted? ¿Cómo se siente acerca de eso?
4. Usted encuentra una cartera en una vereda. Contiene la billetera con tarjetas de negocio y un número de teléfono. ¿Qué hace usted? ¿Cómo se siente?
5. Usted tiene la posibilidad y la oportunidad de ayudar a alguien a adquirir algo; comida, transporte, ropa, etc. Esa persona nunca sabrá que fue usted quien la ayudó, pero usted da lo que puede. ¿Cómo se siente haciendo eso?

Ramirez Jose AK92-79
yo opino GOGI es el camino
pasalir Adelante con un buen Bito
para lo inorancia es buen camino

El arte es un obsequio de D. Outlaw

REPASO - MÁXIMA LIBERTAD

MÁXIMA LIBERTAD es una herramienta, pero también es una manera de obtener el único tipo de libertad que nunca le podrán quitar. Esto es porque MÁXIMA LIBERTAD es creada desde su interior y es suya para ser conservada por todo el tiempo que quiera. MÁXIMA LIBERTAD es el resultado de su habilidad para utilizar las Herramientas GOGI para ayudar a otros, para que usted pueda sentir el poder que surge del servicio a los demás.

MÁXIMA LIBERTAD es alcanzada en pequeños momentos de servicio, pero si usted realiza suficientes de estos momentos cada día, descubrirá que su vida se torna mejor y mejor. Querrá estar mas disponible al servicio, porque su vida comienza a ser tan poderosamente positiva.

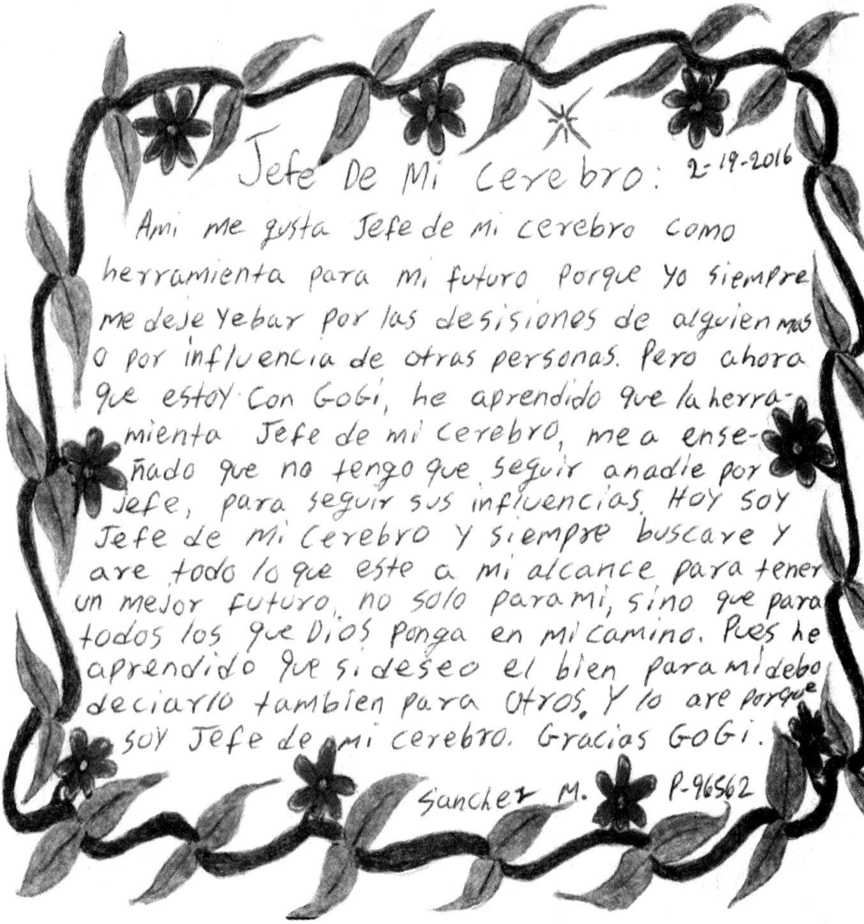
Jefe De Mi Cerebro: 2-19-2016

Ami me gusta Jefe de mi cerebro como herramienta para mi futuro porque yo siempre me deje yebar por las desisiones de alguien más o por influencia de otras personas. Pero ahora que estoy Con Gogi, he aprendido que la herramienta Jefe de mi cerebro, me a enseñado que no tengo que seguir a nadie por jefe, para seguir sus influencias. Hoy soy Jefe de mi Cerebro y siempre buscare y are todo lo que este a mi alcance para tener un mejor futuro, no solo para mi, sino que para todos los que Dios ponga en mi camino. Pues he aprendido que si deseo el bien para mi debo deciarlo tambien para otros. Y lo are porque soy Jefe de mi cerebro. Gracias GoGi.

Sanchez M. P-96562

TOOLS OF THE BODY
TOOLS OF MOVING FORWARD
TOOLS OF CHOICE
TOOLS OF CREATION
Ultimate
Jesus Borjas
KVSP 2015
gogi-ero

PREGUNTAS GRUPALES
MÁXIMA LIBERTAD

1. ¿Por qué piensa que algunas personas creen que nunca podrán alcanzar y disfrutar de la libertad?

2. Cuando piensa en los momentos que ayudó a alguien, ¿disfrutó de ese sentimiento? Por favor explique.

3. ¿Por qué GOGI declara que la MÁXIMA LIBERTAD es el único tipo de libertad que jamas puede ser quitada?

4. ¿Cuál es la diferencia entre libertad física y MÁXIMA LIBERTAD?

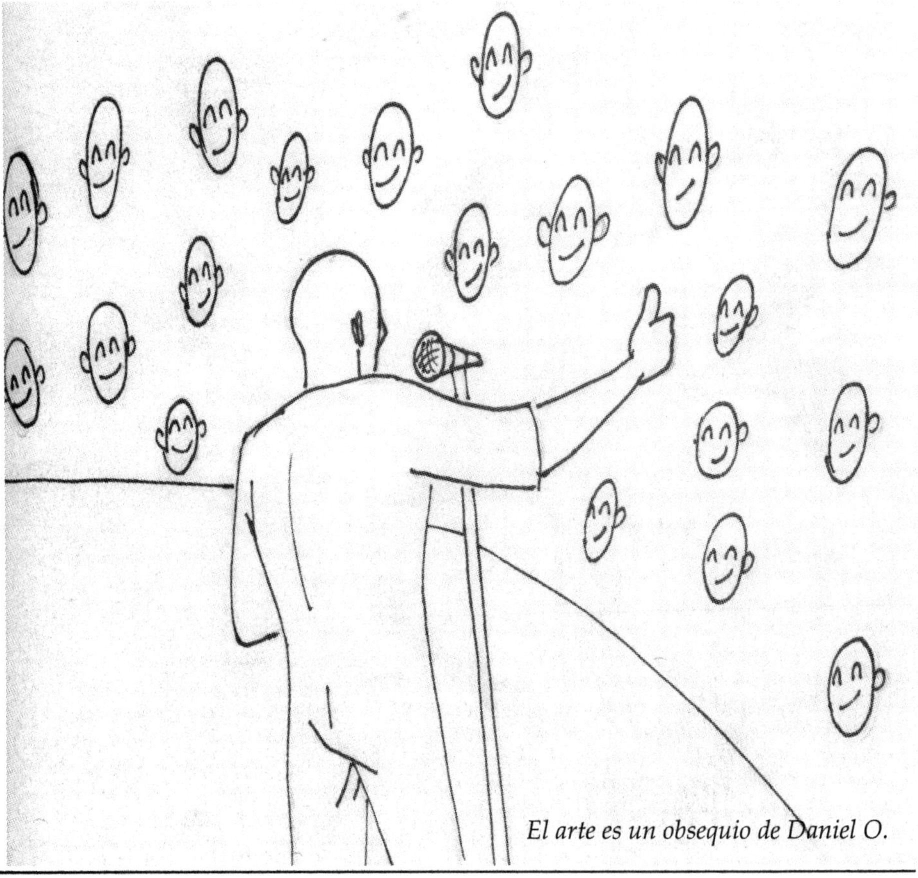

El arte es un obsequio de Daniel O.

Maxima Libertad - A. Sandoval

Entrenadora CARRANZA

MÁXIMA LIBERTAD es el poder ver lo positivo, lo bello de los elementos del mundo sin juzgar. Ver lo positivo de los elementos que en un pasado nos hicieron daño. MÁXIMA LIBERTAD es el ya no tener el rencor que estaba atrapado en que nublaba nuestra mente. MÁXIMA LIBERTAD es el poder de no juzgar a los demás. Es el poder desatarnos del daño pasado, del rencor y odio hacia cosas o personas por cualquiera que sea el motivo. Hacer algo positivo a aquellos que nos han hecho daño. El no dejar las decepciones que lleguemos a enfrentar nos llene de tristeza y enojo.

MÁXIMA LIBERTAD es el poder experimentar todo lo bueno y positivo que Dios nos ha dado y nos ha dado el privilegio de apreciar. Es el poder levantarme por la mañana y dar gracias por este nuevo día. El darle la bienvenida a este día y con todo lo que traiga sin protesta alguna. Es poder ser servicial en la comunidad. Ponerse a la disposición del servicio a los demás. El darle una sonrisa a un extraño. Esto es la MÁXIMA LIBERTAD .

Mi MÁXIMA LIBERTAD es el encomendar a Dios a todos aquellos que cruzan mi camino de cualquier manera que lo hagan. Así cuando yo estaba en frente del Juez y el Jurado, yo siempre los encomendé a Dios de todo corazón. Aun el estar dispuesta a aceptar lo que el Juez hubiera decidido hacer conmigo.

MÁXIMA LIBERTAD para mi es la habilidad de poder hacer algo por alguien, aunque nadie me este mirando y sin esperar algo a cambio. MÁXIMA LIBERTAD es cuando yo estoy en la tienda de compras ya sea el súper mercado o tienda de ropa, y si miro que algo está en el piso, yo lo recojo y lo pongo donde debe de estar. MÁXIMA LIBERTAD es el poder lo positivo de cualquiera situación o de alguien que no ha tenido un buen día y se expresa negativamente. Y no tomarlo directamente o como muchos dicen "tomarlo a pecho".

MÁXIMA LIBERTAD es un estado de ser.

GOGI POR VIDA

Coach Carranza

El arte es un obsequio de David O.

GUÍA DE ESTUDIO SEMANAL

(Coordinador, por favor, siempre que sea posible haga una copia de esta guía para distribuir al comienzo de su reunión. Con esta guía, los estudiantes pueden asegurarse de que están aprendiendo los conceptos importantes de la herramienta de esta semana)

Fecha de hoy ____________________

Mi nombre ____________________

Por favor conteste todas las preguntas. Por favor siéntase en libertad de buscar las respuestas en su libro, debatir con sus compañeros, o preguntar a su coordinador.

1) ¿A qué SECCIÓN DE HERRAMIENTAS corresponde la herramienta de esta semana?

____

____

____

2) ¿Cuáles MESES DEL AÑO están dedicados al estudio de esta herramienta? ____________________

____

____

____

____

3) ¿Cuáles SEMANAS DEL AÑO están dedicadas al estudio de esta herramienta? ____________________

____

____

____

____

4) ¿Cuáles son las PALABRAS CLAVE de esta herramienta?____

____

____

____

____

5) ¿Cuál es la DECLARACIÓN DE PROPIEDAD para esta herramienta? ______________________________

____

____

____

____

6) Piense acerca de un momento en su vida, ya sea pasado, presente, o futuro, cuando esta herramienta podría serle útil. ¿Cómo usaría esta herramienta? ____________________

____

____

____

____

____

____

____

____

____

____

____

EPÍLOGO

Desearía que se sume al número creciente de miembros GOGI de habla hispana en pensar acerca de esta posibilidad. ¿QUÉ PASARÍA SI las herramientas GOGI se enseñaran en todos los países de habla hispana del mundo? Si los niños fueran instruidos a utilizar JEFE DE MI CEREBRO para vencer abusos o daños que les hubieran causado, no sufrirían tanto como adultos, corriendo a las drogas o al alcohol para mitigar su dolor. Si las escuelas requirieran que los jóvenes fueran diestros en escoger su INTERRUPTOR DE LUZ y todas las personas de todos los países de habla hispana tuvieran un INTERRUPTOR DE LUZ CINCO SEGUNDOS preparado y esperando para asegurarse de que realizan la mayor cantidad de decisiones positivas.

¿QUÉ PASARÍA SI cada país de habla hispana se convierte en una nación con personas expertas en RESPIRACIÓN ABDOMINAL, personas relajadas que conocen el valor de llevar oxígeno a cada célula de su cuerpo? ¿Puede imaginar si PENSAMIENTOS POSITIVOS, PALABRAS POSITIVAS y ACCIONES POSITIVAS recibieran recompensa de parte de comunidades y gobiernos? ¿QUÉ PASARÍA SI los ciudadanos que utilizaran estas herramientas positivas fueran recompensados y destacados por los medios de difusión por sus contribuciones positivas a la vida de los demás?

¿Puede imaginar lo que sucedería si todos los hispano-hablantes fueran expertos en DEJAR IR para mantener alejados los dramas? ¿O DAR para mantenerse lo suficientemente lejos del peligro para ser de servicio a otros? ¿Puede imaginar lo fuerte que podría volverse una comunidad si todos en el barrio se preguntan "¿Estoy orgulloso de esta decisión?" mientras utilizan la herramienta

ASUMO RESPONSABILIDAD?

Habría muchas menos peleas si nos enfocáramos en los progresos positivos ofrecidos por CONTROL DE LA REALIDAD. Habría un mundo de posibilidades si nos enfocáramos en las opciones de QUÉ PASARÍA SI. Y, nada detendría a las personas de la libertad interior cuando naciones enteras se enfoquen en desarrollar un sistema de servicio que siempre desemboque en MÁXIMA LIBERTAD.

La verdad es que, a no ser que usted se enfoque en lo que la sociedad se puede convertir, usted es parte del problema pensando acerca de lo que está mal. Hasta que usted vea y actúe en lo que se puede llegar a convertir, no es usted mejor que aquellos que lo pusieron donde está.

¿Se va a unir a los esfuerzos de crear nuevas posibilidades para la humanidad? ¿O se va a sentar y dejar que sufra otra generación?

Las herramientas GOGI son suyas para que las utilice en su propia vida, pero mas importante aun, utilizar y compartir las herramientas GOGI puede ser su regalo para las comunidades donde hay demásiado sufrimiento, sin motivo. GOGI puede ser su regalo para aquellos que ya no tienen que seguir sufriendo.

¡GOGI por Vida!

Con afecto,
Entrenadora Taylor

¿CONOCE SU GOGI?

¿Puede contestar las siguientes preguntas?

¿Cuáles son las CUATRO SECCIONES DE HERRAMIENTAS GOGI creadas por prisioneros?

HERRAMIENTAS DEL CUERPO
HERRAMIENTAS DE ELECCIÓN
HERRAMIENTAS PARA AVANZAR
HERRAMIENTAS DE CREACIÓN

¿Cuáles son los nombres de cada una de las HERRAMIENTAS GOGI PARA TOMAR DECISIONES POSITIVAS creadas por prisioneros?

JEFE DE MI CEREBRO
RESPIRACIÓN ABDOMINAL
INTERRUPTOR DE LUZ CINCO SEGUNDOS
PENSAMIENTOS POSITIVOS
PALABRAS POSITIVAS
ACCIONES POSITIVAS
ASUMO RESPONSABILIDAD
DEJAR IR
DAR
QUÉ PASARÍA SI
CONTROL DE LA REALIDAD
MÁXIMA LIBERTAD

¿Cuáles son las PALABRAS CLAVES creadas por prisioneros?

JEFE DE MI CEREBRO - Parte Inteligente, Parte Emocional, Parte de los Viejos Hábitos. ¿Cuál está a cargo?
RESPIRACIÓN ABDOMINAL - Mano en el abdomen. Mano en el pacho. ¿Cuál se está moviendo?
INTERRUPTOR DE LUZ CINCO SEGUNDOS - ¿Viejo pensamiento? Tengo una nueva acción. Dentro de los cinco segundos, tomo mi nueva acción.

¿CONOCE SU GOGI?

PENSAMIENTOS POSITIVOS - ¿Es poderoso? ¿Productivo? ¿Positivo?
PALABRAS POSITIVAS - ¿Es poderoso? ¿Productivo? ¿Positivo?
ACCIONES POSITIVAS - ¿Es poderoso? ¿Productivo? ¿Positivo?
ASUMO RESPONSABILIDAD - Soy el dueño de hoy. Me pregunto a mi mismo, "estoy orgulloso de esta elección?
DEJAR IR - mano / aplasto / tiro
DAR - Para dar, debo estar lejos del peligro
QUÉ PASARÍA SI - ¿Qué pasaría si no soy mi pasado?
CONTROL DE LA REALIDAD - Diez pasos hacia adelante y dos pasos hacia atrás, siguen siendo ocho pasos hacia adelante.
MÁXIMA LIBERTAD - Ser libre depende de mi.

¿Qué es el CALENDARIO GOGI creado por prisioneros?

El Calendario GOGI le asigna una herramienta a cada semana del año.

¿Por qué todos los estudiantes estudian la misma herramienta al mismo momento?

El Caldendario GOGI unifica los estudios GOGI alrededor del mundo para que nadie esté solo en el estudio de GOGI.

¿Por qué pidieron los prisioneros que GOGI tenga un FORMATO OFICIAL DE REUNIONES y un FORMATO DE MINI-REUNIONES?

Los prisioneros crearon el FORMATO OFICIAL DE REUNIONES y el FORMATO DE MINI-REUNIONES para poder unir a la familia GOGI en una comunidad positivas. La MINI-REUNION puede ser utilizada cuando el tiempo para reunirse es limitado.

¿Por qué crearon los prisioneros el compromiso GOGI?

Los prisioneros crearon el compromiso GOGI para expresar su compromiso verbal al uso de las herramientas para permanecer libres siendo de servicio.

¿CONOCE SU GOGI?

El Compromiso GOGI ¿Puede decirlo de memoria?

Que nuestro compromiso
Al estudio de GOGI
Nos de el gozo
De dar y recibir
Para que nuestra libertad interior
Sea de máximo beneficio
A aquellos que amamos
E innumerables otros

¿Quién creó GOGI?

GOGI fue creado por PRISIONEROS para PRISIONEROS.

¿Sabía usted que cualquiera puede organizar una reunión GOGI?

Las reuniones GOGI pueden ser organizadas cuando dos o mas personas se juntan para estudiar GOGI y seguir el formato oficial de reuniones.

Si se le preguntara, ¿podría escoger una herramienta favorita y describir cómo la utilizaría?

YO TENDRIA QUE ESCOJER ASSUMIENDO LA RESPONSABILIDAD POR QUE AYUDA A PENSAR EN LAS ACCIONES QUE YO VOY A TOMAR EN ESTE DIA SOLO TOMO DECISIONES QUE ESTARE ORGULLOSO.
GRACIAS GOGI POR ESTA HERRAMIENTA.
JACOB.R.

El compromiso/oración GOGI fue creado en un principio por las mujeres del GOGI Campus en el 2008, como forma de unir la creciente Comunidad GOGI. Hoy, el Compromiso GOGI es una parte importante de las reuniones GOGI de todo el mundo. Arte por Estudiante GOGI, Soliz.

DEBATE GRUPAL Y TAREAS OPCIONALES DE ESCRITURA

Usted ahora cuenta con las HERRAMIENTAS GOGI PARA TOMAR DECISIONES POSITIVAS para ayudarle a tomar decisiones mas positivas. Por favor tome un momento para escribir un poco acerca de cada una de sus herramientas nuevas.

1. JEFE DE MI CEREBRO me dice que tengo una PARTE INTELIGENTE, una PARTE EMOCIONAL y una PARTE DE LOS VIEJOS HÁBITOS. Esto es lo que pienso acerca de JEFE DE MI CEREBRO.

2. RESPIRACIÓN ABDOMINAL me hace controlar para asegurarme que mi abdomen se está moviendo cuando respiro. Esto es importante para mí, porque:

3. La HERRAMIENTA GOGI INTERRUPTOR DE LUZ CINCO SEGUNDOS me deja cambiar viejos pensamientos por una nueva acción. Así es como utilizo INTERRUPTOR DE LUZ CINCO SEGUNDOS.

4. Los PENSAMIENTOS POSITIVOS son míos para crear. Aquí hay algunos de mis PENSAMIENTOS POSITIVOS favoritos.

5. Las PALABRAS POSITIVAS son mías para escoger. Aquí hay algunas de mis PALABRAS POSITIVAS favoritas.

6. Las ACCIONES POSITIVAS son mías para tomar. Aquí hay algunas de mis ACCIONES POSITIVAS favoritas.

7. La Herramienta GOGI ASUMO RESPONSABILIDAD declara que yo estoy a cargo de mis acciones y a cargo de mis reacciones hoy. Esto significa que:

8. DEJAR IR es algo que puedo hacer con mi MANO / APLASTO / TIRO. Hoy, puedo DEJAR IR a:

9. DAR requiere que yo esté lejos del peligro. Hoy puedo asegurarme de estar lejos de:

10. La HERRAMINTA GOGI QUÉ PASARÍA SI me permite ver lo que podría suceder con mis decisiones. My QUÉ PASARÍA SI favorito es:

11. Soy humano y los humanos cometen errores. Por este motivo, es importante que yo recuerde CONTROL DE LA REALIDAD. He tenido éxito de las siguientes maneras:

12. Mi MÁXIMA LIBERTAD se obtiene cuando pienso de hacer algo para otra persona. Aquí hay cosas que me gusta hacer para los demás.

13. ¿Cómo pueden sus herramientas GOGI ayudarle en el futuro?

14. Si se le preguntará, ¿cómo describiría a GOGI?

Para mi la Herramienta Jefe de mi Cerebro es la que me ha yudado muncho porque puedo controlar mi caracter y mis habitos y pensar positivo y ser inteligente porque ahora que soy Jefe de mi cerebro puedo decidir lo que yo quero acer con mis acciones y dejar todos lo viejos Habitos.

Jose malancle

¿Nos Escribiría?

¿Le agradó este libro? Queremos saber cómo le ayudó y estamos felices de recibir sus cartas. ¿Tiene alguna pieza de arte o un poema que nos quisiera enviar para que lo compartamos con otras personas?
Por favor envíenos sus talentos artísticos, poemas o fotografías y los compartiremos con la comunidad GOGI.

En GOGI nos fascina recibir cartas de personas que estudian nuestro material. ¡Nos encantaría escuchar de usted, también! Escríbanos a:

GOGI
PO Box 2274
Mesquite, NV 89024

¿Quiere Mas GOGI?

Este es solo uno de los libros de la familia de libros GOGI. Encontrará un listado de todos nuestros libros en el siguiente sitio de Internet: *www.gettingoutbygoingin.org,* donde puede comprarlos y hacerlos enviar a usted o a quien usted indique.

Ofrecemos descuentos para escuelas e instituciones cuando compran en cantidad para sus estudiantes. También trabajaremos con su grupo si desea organizar actividades para recaudar fondos.

primera mente Gracias a GOGI por darme una oportunidad a la Entrenadora. Miss. Trevor L. que dedica su vida para darnos un mejor camino de esperanzas para el bienestar de nuestros conpañeros y ser mas positivos

Talavera Martin

Donaciones

¿Sabía usted que GOGI es una organización sin fines de lucro que sólo opera con donaciones y voluntarios que sirven al público?

Estamos agradecidos por las donaciones que recibimos de personas que nos envían estampillas de correo, un cheque o una donación electrónica por cualquier valor. Sólo crecemos gracias a nuestros donantes.

Realmente no se cómo describir cuán valiosas las 12 herramientas GOGI han sido en mi vida, mas allá de que si no hubiera sido por GOGI, el personal maravilloso de GOGI, y lo mas importante, las 12 herramientas de GOGI ¡yo no tendría vida! GOGI me ha mostrado que hay otro camino para recorrer, uno mas positivo y menos autodestructivo. ¿Puede ser difícil a veces? ¡Sí! A veces puede ser muy difícil. Pero, algo que he aprendido al estudiar GOGI y tratar de ser mejor, es que nada que valga la pena tener en la vida es fácil. Si fuera fácil y digno de ser tenido, todos lo tendrían. ¡Todos sabemos que ese no es el caso! GOGI realmente me ha dado un propósito para vivir en un lugar donde la mayoría de la gente quiere darse por vencida.

Entrenador Trevor L.

¿Y Ahora Qué?

Por Entrenadora Taylor

Un mensaje para usted de la Fundadora de GOGI

Ahora que usted ya ha completado este libro, se estará haciendo la pregunta, "¿Y ahora qué?" Puede haber encontrado de ayuda una o mas de las herramientas GOGI. Puede haber encontrado que su estudio en el formato de grupo le dio un sentido de comunidad positiva para su vida. Es posible que también extrañe sus reuniones semanales GOGI si su grupo tiene una fecha de finalización.

La buena noticia es que mas y mas estudiantes GOGI están descubriendo que cuando sus estudios en grupos finalizan, su vida GOGI recién comienza. Mas y mas estudiantes GOGI se están dando cuenta que la utilización de las herramientas puede continuar, y mas que nada, que pueden construir una comunidad que sea positiva continuando reuniéndose con miembros del grupo, o con otros individuos, para juntarse y conversar y aplicar las HERRAMIENTAS GOGI PARA TOMAR DECISIONES POSITIVAS.

Mientras que los Grupos GOGI comenzaron por personas provenientes de distintos lugares que se juntaban para tener una reunión, está aumentando la cantidad de Grupos GOGI que se están reuniendo en hogares, lugares de detención y celdas. Mantener el estudio en grupos pequeños y localizados ha resultado ser mas poderoso que tener que re-ubicarse, mudarse, moverse, o viajar a una reunión GOGI. Si eso le parece extraño, es porque todavía no le resulta familiar. Las mejores reuniones GOGI son las que se conducen en pequeños grupos de personas que viven cerca entre ellas y que tienen contacto diario entre si.

Si usted desea continuar con GOGI, no necesita nada mas que un libro GOGI y el deseo de incluir las herramientas GOGI en sus PENSAMIENTOS POSITIVOS, PALABRAS POSITIVAS y ACCIONES POSITIVAS diarias.

Véalo de este modo. Su vida está llena de elecciones que usted hace.

Usted elige a quien decirle hola en la mañana. Elige a quien escucha durante el día. Elige cerca de quién pararse, con quién mirarse a los ojos y de qué conversar. ¿Por qué no elegir incluir un poco de GOGI en sus conversaciones diarias ?

La mayoría de las personas están bastante aburridas con la vida. La mayoría de las personas dicen hoy las mismas cosas que dijeron ayer. La mayoría de las personas quieren que aparezca algo nuevo y diferente para que sus ojos y sus oídos experimenten. ¿Que pasaría si hoy simplemente pronuncia las palabras, soy el JEFE DE MI CEREBRO? La otra persona le diría, "¿De qué rayos estás hablando?" Y con esa sola oración, ha introducido a alguien a la conversación que desea.

Vea, no está atrapado o atascado como creía estarlo. Y de ningún modo está limitado como creía que estaba. Sus limitaciones actuales han sido asumidas por usted como una realidad porque eso es lo que usted ve día tras día. Usted ha aceptado las limitaciones actuales porque no ha aplicado herramientas para crear una alternativa. Pero con aunque sea un pequeño cambio de dirección, con comenzar una conversación acerca de una herramienta GOGI, usted puede comenzar a ver que tiene control ilimitado de la dirección de su vida.

Comience una pequeña reunión GOGI semanal con algunos amigos, en lugar de sentarse a ver televisión. Simplemente pregúnteles si se juntarían con usted para leer un libro. Invite a alguien que no sabe leer a que se siente a su lado y explíquele el sonido de cada letra. Mientras tanto estarán aprendiendo sus herramientas GOGI.

¿Y ahora qué? Yo le hago esta pregunta. Tiene una maravillosa caja de herramientas. ¿Va a cerrarla y guardarla en un gabinete? ¿O comenzará a utilizarla, compartirla, y vivir la vida del Modo GOGI?

Entrenadora

Querido Estudiante GOGI,

Javier, uno de nuestros fieles estudiantes GOGI, quiere compartir con usted el FORMATO OFICIAL DE REUNIONES GOGI. Lo que leerá a continuación es la REUNION FORMAL GOGI. La reunión que el ha detallado es para ASUMO RESPONSABILIDAD, pero es el mismo formato para todas las herramientas.

Puede utilizar este formato de reuniones para todas sus reuniones, y entonces estará utilizando GOGI de la misma manera que todos utilizan GOGI.

Estamos agradecidos a Javier y a todos nuestros estudiantes GOGI, porque sin sus contribuciones y donaciones de arte y traducciones y poemas y pensamientos, ¡NO habría GOGI! ¡GOGI es por y para personas como usted!

¡GOGI Por Vida!

Coach Taylor

Esta contribución a GOGI fue donado por Javier Fernandez , un estudiante GOGI devoto.

LAS DOCE HERRAMIENTAS DE GOGI

PATRÓN DE MI CEREBRO, RESPIRACIÓN ABDOMINAL, CINCO SEGUNDOS PARA CAMBIAR EL FOCO, PENSAMIENTOS POSITIVOS, PALABRAS POSITIVAS, ACCIONES POSITIVAS, TOMAR RESPONSABILIDAD, DEJAR IR, PERDONAR, QUÉ TAL SI, CHEQUEO DE LA REALIDAD, LIBERTAD ÓPTIMA.

LA ORACIÓN DE GOGI

Que nuestra dedicación,

Al desarrollo personal,

Y al estudio de GOGI,

Nos conceda el gozo,

De ser instrumentos de paz,

Para que nuestra libertad interna,

Sea de máximo servicio,

A nuestros seres amados,

Y a todos los demás.

JUNTA DE GOGI

LECTURA INICIAL: DECLARACIÓN

Nos encontramos aquí reunidos como una comunidad de GOGI. Somos personas de mentalidad similar, que Tomamos Responsabilidad por nuestras propias vidas de manera individual. Estamos incluyendo la implementación de las Doce Herramientas de GOGI como suplemento a nuestro potencial y existente sistema de apoyo social y espiritual. Creemos que las Doce Herramientas de GOGI nos ayudan grandemente en nuestro camino hacia la libertad interna, independientemente de cualquier diferencia que pueda existir entre nosotros de religión, raza, edad, género, o preferencias. También le damos la bienvenida a cualquier persona que quiera agregar las Doce Herramientas de GOGI a su vida, sin importar que diferencias puedan existir. Reconocemos además que las Doce Herramientas de GOGI, como herramientas para tomar decisiones positivas, nos ayudan grandemente en nuestra vida diaria.

EL PROPÓSITO DE GOGI

El propósito de GOGI consiste en proveer herramientas prácticas para todas aquellas personas interesadas en tomar decisiones positivas o más positivas en sus vidas. Esto lo hacemos por medio de nuestra educación correctiva individual. Por medio de las juntas de GOGI, y a través de vivir nuestras vidas en conformidad con la forma de vivir de GOGI. El programa de GOGI está disponible a todo ser humano que busca cambios positivos en su vida. GOGI jamás debe ser negado a personas por ninguna razón. GOGI debe ser compartido libremente con todos los hombres, mujeres y niños.

TEMA Y ENFOQUE

El tema de este mes es la herramienta de: _______________
(refiérete al calendario)

Y el tema de esta semana es la herramienta de:_______________
(refiérete al calendario)

LAS DOCE HERRAMIENTAS DE GOGI

PATRÓN DE MI CEREBRO, RESPIRACIÓN ABDOMINAL, CINCO SEGUNDOS PARA CAMBIAR EL FOCO, PENSAMIENTOS POSITIVOS, PALABRAS POSITIVAS, ACCIONES POSITIVAS, TOMAR RESPONSABILIDAD, DEJAR IR, PERDONAR, QUÉ TAL SI, CHEQUEO DE LA REALIDAD, LIBERTAD ÓPTIMA.

LECTURA DE LA HERRAMIENTA DE ESTA SEMANA

(TOMAR RESPONSABILIDAD)

Respecto a TOMAR RESPONSABILIDAD: Como quizás te puedas imaginar, existen muchas maneras de interpretar las palabras: "TOMAR" y "RESPONSABILIDAD." Sin embargo, como herramienta de GOGI, estas dos palabras juntas crean una prespectiva específica, lo cual hace de TOMAR RESPONSABILIDAD una herramienta practica y poderosa que puedes utilizar habitualmente para moverte hacia delante con firmeza y seguridad. Esta es una herramienta simple y efectiva, ligada plenamente a tu futuro, así como también a tus acciones y decisiones de hoy en adelante. Por ejemplo, tú puedes aceptar responsabilidad por lo que pasó e el pasado. Muchas de esas cosas no fueron responsabilidad tuya y algunas otras quizás sí. Pero nosotros en GOGI sabemos que reconciliar el pasado con el presente es un proceso que puede durar muchos años, o hasta toda una vida . Por eso es que nosotros estamos menos interesados en tu vida pasada y mas interesados en tu habilidad de tomar decisiones positivas de hoy en adelante, y en que puedas moverte poderosamente hacia un futuro positivo y prometedor.

Recuerda, estamos utilizando TOMAR RESPONSABILIDAD como herramienta de GOGI, no como quizás tus padres, tus maestros, y amigos te hayan dicho que debes tomar responsabilidad. Como herramienta, TOMAR RESPONSABILIDAD requiere que te enfoques principalmente en tomar buenas decisiones de hoy en adelante, en lugar de que vivas consternado por fracasos, errores y dolores del pasado.

Mas sin embargo, esto no quiere decir de ninguna manera que no debas asumir responsabilidad por lo que hayas hecho en el pasado. Pues todo eso es sumamente importante para tu éxito en la vida, así como también para tu liberación y transformación personal. La idea de esta herramienta es que te enfoques principalmente en el presente, para que diariamente vayas tomando mejores decisiones y mejorando tu vida, un día a la vez.

Con la herramienta de TOMAR RESPONSABILIDAD en tu vida, esperamos que aprendas a tomar control de tus acciones, reacciones, opiniones, palabras, y de tus respuestas a cada situación que se presente en tu vida diaria, de este momento en adelante. Con la herramienta de TOMAR RESPONSABILIDAD en tus manos, tú no le permites a nadie controlar tu vida; solo tú estás en control de lo que pasa en tu mente y en tu cerebro. Aplicando esta herramienta correctamente, tu jamás podrás decir algo como: ***"Él o ella me hizo enojar. Es tu culpa. Si no fuera por esta situación o aquella, yo estaría bien."*** Cabe mencionar que esa actitud de arrojar culpabilidad, simplemente no produce buenos resultados. Pues la persona que vive buscando culpa~les, se derrota a sí misma y a la misma vez se convierte en victima de las circunstancias, ya que no está tomando responsabilidad por su propia vida.

REFLEXIONANDO EN LA HERRAMIENTA DE LA SEMANA

Nosotros en GOGI creemos que tú puedes ser el arquitecto y creador de una mejor vida, y creemos además que TOMAR RESPONSABILIDAD es el medio apropiado para lograr esta meta. Pues esta herramienta es una excelente forma para dejar de culpar a otros, al sistema, a la tabla, o hasta a tu propia persona. Esta herramienta es la clave para que tomes control de tu vida, de hoy en adelante.

Practicando TOMAR RESPONSABILIDAD como herramienta de GOGI, tú puedes tomar responsabilidad por todo lo que piensas, lo que dices y lo que haces. *¡Imagínate nada más el enorme poder que esta magnífica herramienta pone sobre tus manos!* Pues cómo reaccionas y respondes a cualquier situación, está totalmente bajo tu control con TOMAR RESPONSABILIDAD. Esta herramienta te dice que sin importar que hayas hecho en el pasado, este día es tuyo para que hagas con el lo que tú quieras.

Cuando tú utilizas TOMAR RESPONSABILIDAD, cómo reaccionas y respondes a cualquier situación, ya no es algo que está ligado a un desarrollo infantil inadecuado, a tus adicciones, antecedentes penales, nacionalidad, cultura, no haber tenido buenos maestros, a tu estado económico, nivel académico, a no haber tenido un padre, muertes en la familia, traumas, abusos, o a cualquier cosa que de alguna manera te haya causado hacer cosas de las que hoy te arrepientes. Esta herramienta te dice que sin importar que tan difícil o desastroso haya sido tu pasado, de hoy en adelante tú puedes construir y vivir una vida mucho mejor, y la clave para lograrlo está en practicar TOMAR RESPONSABILIDAD.

AFIRMACIÓN

Declara lo siguiente: "De este momento en adelante, acepto responsabilidad por todas mis acciones y reacciones. Todas mis acciones y reacciones en este día, son mi responsabilidad y hoy acepto esa responsabilidad."

UTILIZAR TOMAR RESPONSABILIDAD

1) **Analiza:** Analiza cuidadosamente lo que está sucediendo a tu alrededor.

2) **¿Quién está en control?** Tú estás en control de tus acciones y reacciones.

3) **Aduéñate:** Este día es tuyo, y tú puedes elegir vivir constructiva mente y feliz hoy mismo

4) **Toma Responsabilidad:** Enfócate en ser la mejor versión de ti ahorita mismo. Pregúntate: ¿Estoy realmente orgulloso y satisfecho de cómo estoy aplicando el concepto de TOMAR RESPONSABILIDAD en mi vida diaria?